W0075158

Über die Autorin:
Tricia Woolfrey ist integrative Trainerin für Führungskräfte, Unternehmensberaterin und Psychotherapeutin mit langjähriger Erfahrung in den Bereichen Personalentwicklung, Schulung und Coaching, Hypnotherapie und Ernährung.

Die Expertin für die Psychologie von Verhalten, Leistung und Produktivität hat Strategien entwickelt, die ein erfolgreiches, erfülltes und ausgewogenes Leben fördern. Tricia Woolfrey leitet eine Unternehmensberatung und eine Praxis für Hypnotherapie und Ernährungsberatung in London.

www.triciawoolfrey.com

Tricia Woolfrey

NIE MEHR MÜDE UND ERSCHÖPFT

9 STRATEGIEN FÜR MEHR ENERGIE

Aus dem Englischen von Ursula Bischoff

Die englische Originalausgabe erschien 2016
unter dem Titel »Ultimate Energy« bei John Murray Learning,
einem Unternehmen von Hachette UK, in Großbritannien.

Besuchen Sie uns im Internet:
www.knaur.de

FSC
www.fsc.org
MIX
Papier aus ver-
antwortungsvollen
Quellen
FSC® C083411

Deutsche Erstausgabe November 2017
Knaur Taschenbuch
© 2016 Tricia Woolfrey
Für die deutschsprachige Ausgabe:
© 2017 Knaur Taschenbuch
Ein Imprint der Verlagsgruppe
Droemer Knaur GmbH & Co. KG, München
Alle Rechte vorbehalten. Das Werk darf – auch teilweise – nur mit
Genehmigung des Verlags wiedergegeben werden.
Redaktion: Martina Darga
Covergestaltung: FAVORITBUERO, München
Layout und Satz: Nadine Clemens, München
Druck und Bindung: CPI books GmbH, Leck
ISBN 978-3-426-87779-1

2 4 5 3 1

INHALT

Einführung 7

1. Energie und Umgebung 23

2. Vom Nutzen, Nein zu sagen 37

3. Selbstermächtigung und Wachstum 73

4. Energiespender und Energiediebe 91

5. Ziele und Prioritäten 101

6. Die Macht des inneren Dialogs 117

7. Zen und Achtsamkeit 135

8. Körperliche Bewegung und Ernährung 149

9. Ruhe und Entspannung 179

Schlussgedanken 189

Anhang I 195

Anhang II 204

Weiterführende Literatur 207

EINFÜHRUNG

Die meisten von uns gelangen hin und wieder an einen Punkt, an dem sie sich müde und erschöpft fühlen. Dieses Energietief kann die natürliche Folge einer gelegentlichen schlaflosen Nacht, einer kleinen Völlerei oder einer Reihe langer Arbeitstage sein, die oft unumgänglich sind, wenn ein wichtiger Termin eingehalten werden muss.

Falls die Müdigkeit jedoch ständig zu Ihrem Alltag dazugehört, könnte ein physiologisches Ungleichgewicht vorliegen, das Ihrer Aufmerksamkeit bedarf. Der Zustand der Erschöpfung vergeht nicht von alleine, wenn Sie ihn ignorieren. So zu tun, als sei alles in Ordnung, erzeugt keinen Energieschub, der Sie wie von Zauberhand befähigt, den Tag unbeschadet durchzustehen. Und eine solche Form der Selbsttäuschung trägt mit Sicherheit nicht dazu bei, die Herausforderungen des Lebens erfolgreich zu bewältigen. Chronischer Energiemangel kann an Ihren Kräften zehren, bis Sie nur noch ein Schatten Ihrer selbst sind, wie ein Schlafwandler durchs Leben gehen und zu einem passiven Passagier werden, der sich treiben lässt, statt das Ruder zu übernehmen und sich den Weg durch klippenreiche Gewässer zu bahnen.

Gute Energie ist eine Kraftquelle, die Sie nutzen können, wenn Sie sich an die beschriebenen Strategien halten. Sie tragen nicht nur zur Bewältigung der vielfältigen Herausforderungen im Alltag bei, sondern ermöglichen uns auch, die guten Zeiten intensiver zu genießen. Wem würde das nicht gefallen!?

Manche Menschen meinen, ein hohes Energieniveau zu entwickeln und zu bewahren sei zu schön, um wahr zu sein. Als Coach und Psychotherapeutin, die einen ganzheitlichen Problemlösungsansatz vertritt, habe ich festgestellt, dass sich mindestens 80 Prozent meiner Klienten mehr Energie wünschen. Viele von ihnen erklären, sie hätten das Gefühl, als würden sie durch Sirup waten, mit einem vernebelten Gehirn als ständigem Begleiter. Das bedeutet, dass sie eine Menge Zeit in einem Leistungszustand verbringen, der meilenweit von ihrem persönlichen Optimum entfernt ist.

Energie ist eine Schlüsselressource, die Ihnen ermöglicht, den Tag bestmöglich zu nutzen. Sie erlaubt Ihnen sogar, die friedlichen Augenblicke intensiver auszukosten – eine ruhige Energie, wenn Sie so möchten. Was geschieht, wenn Sie den Fuß vom Gaspedal nehmen – sacken Sie dann einfach in sich zusammen, fallen ins Bett und fühlen sich am nächsten Morgen, wenn es gilt, sich erneut dem Ansturm des Lebens zu stellen, ausgelaugt und wie gerädert? Eine gute Energie befähigt Sie, Ihre Auszeiten in einem Kokon der Ruhe und Gelassenheit zu genießen, aus dem Sie ausgeruht und motiviert wieder auftauchen.

Wikipedia definiert Energie als »die Stärke und Kraft, die für den Erhalt physischer und mentaler Aktivitäten erforderlich ist«, und als »ein Gefühl, über diese Stärke und Kraft zu verfügen«.

• • • •

GUTE ENERGIE IST EINE KRAFTQUELLE, DIE SIE NUTZEN KÖNNEN, WENN SIE SICH AN DIE IM BUCH BESCHRIEBENEN STRATEGIEN HALTEN.

• • • •

In der Zeit, als ich das Buch schrieb, schaute sich meine Freundin Linda einmal ein Interview im Frühstücksfernsehen an, das der Moderator Chris Evans mit dem britischen Schauspieler, Regisseur und Drehbuchautor Kenneth Branagh führte. In dem Gespräch, in dem es um seine starke Bühnenpräsenz ging, zitierte Branagh den englischen Dichter William Blake, der Energie als »ewige Freude« bezeichnet hatte. Linda verhörte sich und glaubte, er hätte »innere Freude« gesagt, was mir zugegebenermaßen besser gefiel. Eine hervorragende Beschreibung! Denken wir darüber nach, dann erkennen wir, dass eine positive Grundstimmung entsteht, wenn wir energiegeladen sind, die uns nicht von außen aufgezwungen wird, sondern von innen ausstrahlt. Ob nun zeitweilig oder bis in alle Ewigkeit, die Energiequelle ist in unserem Innern verortet.

Energie, auch Qi (Chi) oder Prana genannt, ist die Lebenskraft. In unserem Körper fließt sie durch unsichtbare Leitbahnen, oftmals auch »Meridiane« genannt, in sämtliche Körperregionen und beeinflusst damit jedes Organ und physiologische System. Akupunktur und Akupressur stimulieren bestimmte Punkte auf diesen Leitbahnen und können je nach Bedarf beruhigend oder belebend eingesetzt werden.

Energie ist das A und O der beiden Zwillingseigenschaften »Motivation« und »Antrieb«. Sie befähigt uns, die Ziele, die wir uns tagtäglich setzen, mit Enthusiasmus zu verwirklichen. Ohne Energie ist es unmöglich, den zahlreichen sozialen Rollen, die wir innehaben – als Eltern, Ehefrau / Ehemann, Lebenspartner, Sohn / Tochter, Bruder / Schwester, Mitarbeiter, Firmeninhaber, Ausschussmitglied oder Teamarbeiter –, und anderen Aufgaben, die uns obliegen, gerecht zu werden.

Wenn Sie außerstande sind, persönliche Bestleistungen zu erbringen – quasi »aus allen Rohren zu feuern« –, können Sie

Ihren Aufgaben nicht optimal nachkommen. Insofern kann ein Energiemangel Folgen für Ihre berufliche Laufbahn oder Ihr Unternehmen haben, denn ohne diese unverzichtbare Ressource können Sie Ihr Potenzial nicht voll ausschöpfen. Und er hat mit Sicherheit Konsequenzen für Ihre zwischenmenschlichen Beziehungen, denn persönliches Engagement fällt wesentlich schwerer, wenn sich die Energie auf dem Tiefpunkt befindet.

> Ohne Energie fehlt Ihnen die Fähigkeit, nach besten Kräften zu arbeiten, zu lernen oder Ihre Freizeit zu genießen.

> Ohne Energie stellen Sie vielleicht fest, dass Sie leicht reizbar, weniger produktiv und häufiger krank sind.

> Ohne Energie fällt es Ihnen schwerer, Probleme zu lösen – abgesehen von den Kraftreserven sind auch die kognitiven Funktionen eingeschränkt, zu denen auch die Fähigkeit gehört, klar zu denken.

> Ohne Energie leiden Ideenfindung und Kreativität; Sie können das Gefühl haben, ein erfülltes Leben zu führen sei unmöglich, weil alles komplizierter zu sein scheint, als es ist.

> Ohne Energie leidet die emotionale Resilienz – die psychische Widerstandsfähigkeit, die es uns ermöglicht, Rückschläge als Anlass für eine persönliche Weiterentwicklung zu nutzen. Das bedeutet, dass Sie nicht nur bei großen Herausforderungen, sondern schon bei Kleinigkeiten aus dem Tritt geraten.

Adrenalinbedingte Energie kontra Grundenergie

Viele Menschen leiden unter einem hohen Ausmaß an nervöser Energie, die man in ihrer Gegenwart geradezu spüren kann. Diese ruhelose »adrenalinbedingte« Energie lässt sich nur schwer abstellen. Die Betroffenen weisen oft folgende Merkmale auf:

> Die Fußtipper können ihre Füße nicht lange stillhalten, nicht einmal im Sitzen.

> Die Auf-und-ab-Läufer können nicht lange an einem Fleck verharren, deshalb sieht man sie hin und her »tigern«, zum Beispiel, wenn sie mit ihrem Handy telefonieren.

> Die Hyperaktiven stellen neue Rekorde im Multitasking auf; sie erledigen ihre Aufgaben in rasender Eile und übernehmen ein Projekt nach dem andern, obwohl sie bereits voll ausgelastet sind. Sie füllen ihren Tag mit so vielen Aktivitäten, dass sie keine Zeit mehr haben, die Hände in den Schoß zu legen und einfach nur zu sein.

> Die Adrenalinjunkies und Risikofreudigen suchen den ultimativen Kick, beispielsweise bei riskanten Sportarten wie Fallschirmspringen; oder sie neigen dazu, in dramatischen Situationen abzuwarten und erst in letzter Minute die Reißleine zu ziehen, sprich aktiv zu werden.

> Die Schlafgestörten haben ein Gehirn, das keine Sendepause macht und sie auch nachts wach hält, sodass ihnen die dringend benötigte Ruhe- und Regenerationsphase fehlt.

Wenn diese rastlosen Menschen irgendwann zur Ruhe kommen, dann *gründlich* – als wäre der Tank völlig leer. Sie schlaffen auf dem Sofa ein, ihre Energie zerrinnt wie Eis in der Waffel an einem heißen Sommertag, und sie fallen in einen komatösen Tiefschlaf, aus dem sie nur mit Mühe aufzuwecken sind.

Die Abhängigkeit von der adrenalinbedingten Energie kann zu einer Erschöpfung der Nebennieren oder einer Nebennierenschwäche führen. Dieser Zustand tritt ein, wenn die Nebennieren überstimuliert wurden und nicht mehr angemessen auf Stress reagieren. Sie merken, dass dieses Risiko besteht, wenn Sie ständig »Aufputschmittel« brauchen, beispielsweise zuckerhaltige Nahrung und Getränke einschließlich ihrer Diätversionen, Kaffee oder Zigaretten, die ebenfalls Stimulanzien enthalten.

Die Grundenergie unterscheidet sich von der adrenalinbedingten Energie durch einen nachhaltigen gesunden Lebensstil.

TEST

Mithilfe dieses Tests können Sie ermessen, wie es um Ihre Energie bestellt ist. Welche Aussagen treffen auf Sie zu? Kreuzen Sie so viele Kästchen an, wie Sie möchten.

1 ☐ Ich wache morgens oft müde und erschöpft auf.

2 ☐ Ich komme erst nach der ersten (zweiten oder dritten ...) Tasse Kaffee in die Gänge.

3 ☐ Ich habe eine Menge Energie, aber wenn ich zur Ruhe komme, ist das so, als befände ich mich im Koma.

4 ☐ Ich fühle mich besser, sobald ich etwas gegessen habe.

5 ☐ Meine Energie wächst, wenn ich Aktivitäten nachgehe, die mir Spaß machen.

6 ☐ Meine Energie wächst, wenn ein wichtiger Termin bevorsteht.

7 ☐ Ich fühle mich generell abgekämpft und überfordert.

8 ☐ Ich habe den ganzen Tag über einen ausgeglichenen, stabilen Energiespiegel.

Die Nummer 8 ist das angestrebte Ziel. Wenn Sie auf eine der vorhergehenden Aussagen mit Ja geantwortet haben, dann sind Sie hier genau richtig: Das Buch zeigt Ihnen den Weg, um dieses hochgesteckte Ziel – die Nummer 8 – zu erreichen.

Körperliche Ursachen der Müdigkeit und Erschöpfung

Für Müdigkeit und Erschöpfung kann es verschiedene Gründe geben, von denen die meisten in diesem Buch beschrieben sind. Doch zunächst ist es wichtig, von einem Arzt mögliche körperliche Ursachen für den Energiemangel abklären zu lassen. Zu den am weitesten verbreiteten Ursachen gehören:

Schilddrüsenstörung

Die Schilddrüse spielt eine zentrale Rolle im Stoffwechsel und wirkt unter anderem auf die Körpertemperatur, die Durchblutung, den Appetit und den Energiehaushalt. Die Symptome einer Schilddrüsenstörung sind ähnlich wie bei einem CES (Chronisches Erschöpfungssyndrom) oder einer ME (Myalgische Enzephalomyelitis, siehe unten); deshalb sollten Sie Ihren Arzt aufsuchen und einen Schilddrüsentest durchführen lassen, um festzustellen, ob hier eine Störung vorliegt, und gegebenenfalls eine entsprechende Behandlung einzuleiten.

CES – Chronisches Erschöpfungssyndrom

Hier handelt es sich um eine Mischung aus Erschöpfungs- und Schmerzzuständen, wobei die extreme Erschöpfung das größte Problem darstellt. Selbst das Zähneputzen kann sich anfühlen, als würde man mit Gewichten an den Gliedmaßen durch den Ärmelkanal schwimmen. Das Chronische Erschöpfungssyndrom wird oft mit der Myalgischen Enzephalomyelitis verwechselt, da sich die Symptome ähneln. Auch bei ausreichender Ruhe tritt keine Besserung ein, und es macht sich häufig nach einer Virusinfektion bemerkbar. Die besten Ergebnisse erzielt man nach meiner Erfahrung, wenn man sowohl an den emotionalen als auch an den physischen Einflussfaktoren arbeitet.

ME – Myalgische Enzephalopathie, Myalgische Enzephalomyelitis

Die ME stellt eine Kombination aus extremer körperlicher und geistiger Erschöpfung und gleichermaßen stark ausgeprägten Schmerzen dar, im Gegensatz zum CES, bei dem die Erschöpfung das Leitsymptom ist. Die Betroffenen leiden unter Verwirrung, Gedächtnis- und Konzentrationsstörungen. ME wird nicht immer als solche diagnostiziert und steht (nach meiner unmaßgeblichen Meinung und Erfahrung) in engem Zusammenhang mit den sogenannten Typ-A-Persönlichkeiten – umtriebig, ehrgeizig und perfektionistisch –, die auch zum Burnout neigen. Ruhe hilft, ist aber kein Heilmittel. Genau wie beim CES habe ich festgestellt, dass sich mit der Arbeit an den emotionalen und physischen Einflussfaktoren die besten Resultate bei ME-Patienten erzielen lassen.

Lyme-Borreliose

Diese Erkrankung kommt zwar noch relativ selten vor, befindet sich aber auf dem Vormarsch. Sie wird von Bakterien verursacht, die bei einem Zeckenbiss in die Blutbahn gelangen. Zu den Symptomen gehören extreme Müdigkeit und Erschöpfung, Hautausschlag, Fieber, Kopfweh und andere diffuse Schmerzen. Professionelle Hilfe sollte so schnell wie möglich erfolgen, da die Lyme-Borreliose chronisch werden und in schweren Fällen tödlich verlaufen kann.

Leberfunktionsstörung

Die Leber hat viele Funktionen; sie ist unter anderem für die Entgiftung des Körpers zuständig. Wenn Sie beispielsweise regelmäßig zwischen ein und drei Uhr morgens aufwachen, also in der Zeit, in der die Leber am aktivsten ist, könnte eine Leberfunktionsstörung vorliegen. Ist die Leber gestört, so kann dies beträchtliche Auswirkungen auf Ihren Energiehaushalt haben, zum Beispiel fühlen Sie sich schon morgens nach dem Aufwachen müde und erschöpft. Die Leberfunktion können Sie durch eine gesunde Kost unterstützen, wie Sie im 8. Kapitel über körperliche Bewegung und Ernährung sehen werden.

Blutzuckerungleichgewicht und Diabetes Typ II

Stabile Blutzuckerwerte sind für eine gute Energie unverzichtbar, und wenn ein Ungleichgewicht vorliegt, sind Müdigkeit und Erschöpfung die Folgen. Im 8. Kapitel finden Sie Tipps, wie Sie den Blutzuckerspiegel ausbalancieren und das Risiko verringern, an Diabetes Typ II zu erkranken.

Anämie

Zu einer Anämie oder Blutarmut kommt es, wenn der Körper nicht mehr in der Lage ist, die Sauerstoffversorgung der Organe ausreichend zu gewährleisten. In diesem Fall ist es dringend angeraten, einen Arzt zu konsultieren.

Kandidose

Hier handelt es sich um eine Sammelbezeichnung für Infektionserkrankungen durch *Candida albicans*, einen natürlich vorkommenden Hefepilz, der im Darm angesiedelt ist. Bei überbordendem Wachstum verursacht er nicht nur Müdigkeit und Erschöpfung, sondern ruft auch viele weitere Symptome hervor, beispielsweise Kopfschmerzen, Unterleibsschmerzen, Gewichtszunahme und Depressionen.

Amalgamfüllungen

Wenn Sie Amalgamfüllungen in Ihren Zähnen haben, nimmt der Körper Quecksilber auf, das mutmaßlich bei 86 Prozent der Patienten zu Erschöpfungszuständen führt, wie eine Studie von Bio-Probe belegt, die im Februar 2013 in dem Buch *What Doctors Don't Tell You* von Lynne Mc Taggart beschrieben wurde. Sie denken vielleicht, dass die Lösung auf der Hand liegt, nämlich die Füllungen zu beseitigen, doch damit macht man die Sache möglicherweise noch schlimmer, da die Einhaltung wichtiger Vorsichtsmaßnahmen beachtet werden muss, damit die beim Bohren entstehenden giftigen Dämpfe nicht eingeatmet werden. Vergewissern Sie sich, dass Ihr Zahnarzt Erfahrung mit der ordnungsgemäßen Entfernung hat.

Psychische Ursachen der Müdigkeit und Erschöpfung

Müdigkeit und Erschöpfung können eine Folge emotionaler Probleme sein, die erkannt und bearbeitet werden sollten. Wenn man es versäumt, den Ursachen dieser Gefühle auf den Grund zu gehen, kann eine Depression entstehen; deshalb ist es ratsam, sich rechtzeitig professionelle Hilfe zu suchen, damit es gar nicht erst zu einer schwerwiegenderen klinischen Erkrankung kommt. Zu den Symptomen einer Depression gehören auch Erschöpfung und Antriebslosigkeit.

Negative Gefühle

Negative Gefühle können zermürbend sein. Wenn man sie deckelt, wie viele es tun, verschlimmern sie sich unter Umständen noch, weil die Anstrengung, sie zu unterdrücken und einzudämmen, gewaltig an den Kräften zehrt. Wenn Sie feststellen, dass Sie sich auf einer emotionalen Achterbahnfahrt befinden oder negative Gefühle ein Schlüsselfaktor in Ihrem Leben sind, sollten Sie professionelle Hilfe in Anspruch zu nehmen, um zu lernen, wie man sie bewältigen und auf gesunde Weise zum Ausdruck bringen kann. Weitere Informationen zu diesem Thema finden Sie im 6. Kapitel über den inneren Dialog.

Generalisierte Angststörung

Angst kann ebenfalls eine Ursache der Müdigkeit und Erschöpfung sein, vor allem wenn Sie unter einem lang anhaltenden Stimmungstief leiden, das viele Lebensbereiche beeinträchtigt und schwer kontrollierbar ist. In diesem Fall könnte eine Generalisierte Angststörung vorliegen. Wenn Sie jeden Morgen mit einer Weltuntergangsstimmung und irrationalen Ängsten und

Sorgen aufwachen, die immer wieder während des Tages auf-
scheinen, raubt Ihnen diese Angstsymptomatik jeden Funken
Energie. Hypnotherapie, Achtsamkeitstraining und EFT (Emotional Freedom Technique, »Technik der emotionalen Freiheit«,
siehe Anhang II) – bieten wirksame Möglichkeiten, diese le-
benseinschränkenden Störungen in den Griff zu bekommen.

Depressionen

Müdigkeit und Erschöpfung können auch Anzeichen einer Depression sein. Wenn Sie sich mindestens zwei Wochen lang in
einem Stimmungstief befinden, Ihre Lebensfreude einbüßen
und kein Interesse mehr an Aktivitäten haben, die Ihnen normalerweise Spaß machen, könnte eine Depression vorliegen –
vor allem in Kombination mit einem der folgenden Symptome:
Energieverlust, Appetitstörung (Sie essen entweder mehr oder
weniger als gewöhnlich), Schlafstörungen, Konzentrationsschwäche, Gefühl der Wertlosigkeit, Schuldgefühle oder Hoff-
nungslosigkeit, Rückzug aus Beziehungen. Dies können Anzeichen dafür sein, dass Sie an einer Depression leiden, und es
empfiehlt sich, so schnell wie möglich einen Arzt aufzusuchen.

WIE SIE DIESES BUCH OPTIMAL NUTZEN

Das Buch zeigt Ihnen Mittel und Wege, Ihre Energie zu steigern, sodass Sie in allen Lebensbereichen ein Höchstmaß an emotionaler und
physischer Kraft und Vitalität entwickeln können. Die nachfolgenden
Schlüsselbegriffe führen wie ein roter Faden durch das Buch und somit durch die verschiedenen Facetten der Optimierungsstrategien,
damit Sie Arbeit, Ruhephasen und Freizeitaktivitäten uneingeschränkt
genießen können.

Umfeld – Wie das Lebensumfeld die Energie stärkt oder schwächt

Nein – Wie ein kleines Wort enorme Energiereserven freisetzen kann

Selbstermächtigung – Wie Rückschläge Energie spenden und die persönliche Entwicklung fördern können

Energiespender – Freunde und Feinde der Energie verstehen und lenken

Ziele – Warum die Fokussierung auf eine nachhaltige Energie so wichtig ist

Innerer Dialog – Wie Selbstgespräche die Energie stärken oder schwächen

Zen – Die ruhige Energie der Achtsamkeit

Körperliche Bewegung und Ernährung – Bausteine einer guten Energie

Ruhe und Entspannung – Die Bedeutung der Auszeit für die Leistungsfähigkeit

Dieses Buch ist ideal für Sie, wenn Sie sich fortwährend müde und erschöpft fühlen und dringend mehr Energie brauchen, um die Anforderungen des Tages zu bewältigen, gleich, ob im privaten oder beruflichen Bereich. Da auch die Verarbeitung großer Informationsmengen Energie kostet, möchten Sie vielleicht ein Kapitel pro Woche durcharbeiten. So würde Ihnen genug Zeit bleiben, die Strategien in die Praxis umzusetzen, die daraus gewonnenen Erkenntnisse in Ihrem Gedächtnis zu verankern, auf den neu erworbenen Fähigkeiten und Gewohnheiten aufzubauen und sie in Ihren Alltag zu integrieren, um Ihr Leben wieder mit Antriebskraft und Leichtigkeit anzugehen. Ich halte mich bewusst an die oben genannten Schlüsselpunkte, die Sie problemlos verinnerlichen und anwenden können.

ZEIT ZUM NACHDENKEN

Dieser Test zeigt Ihnen, wie sich Ihr Energiedefizit derzeit auf Sie auswirkt und in welchem Maß Sie gerüstet sind, Veränderungen einzuleiten:

1 Wie würden Sie Ihre persönliche Energie auf einer Skala von 1 bis 10 bewerten, wobei 10 für rundum positive Energie steht?

2 Wirkt sich das Energiedefizit auf Ihre Motivation aus?
  J / N

3 Wirkt sich das Energiedefizit auf Ihre Beziehungen aus?
  J / N

4 Wirkt sich das Energiedefizit auf Ihre Arbeit aus?
  J / N

5 Wirkt sich das Energiedefizit auf Ihre berufliche Laufbahn / den Geschäftsverlauf aus?
  J / N

6 Wirkt sich das Energiedefizit auf Ihre Freizeit und Ruhephasen aus?
  J / N

7 Wirkt sich das Energiedefizit auf Ihre Gesundheit aus?
  J / N

8 In welchem Maß sind Sie auf einer Skala von 1 bis 10 bereit, Veränderungen einzuleiten, um in allen Lebensbereichen Kraft und Vitalität zu gewinnen?

Die verborgenen Vorteile des Energiemangels

Wenn Sie bei der achten Testfrage weniger als 7 Punkte vermerkt haben, leiten Sie möglicherweise, oftmals unbewusst, verborgene Vorteile aus dem Energiemangel ab, auch wenn Sie ihn als Problem empfinden. Dieser Themenbereich ist äußerst vielschichtig, doch es gibt drei Faktoren, die Sie daran hindern könnten, mit aller Entschlossenheit Veränderungen auf den Weg zu bringen:

> **Angst vor Versagen** – Wenn Sie es gar nicht erst versuchen, kann Ihnen auch niemand die Schuld geben, wenn Sie scheitern. Das stimmt, aber wenn Sie es gar nicht erst versuchen, werden Sie auf der Stelle treten und Ihre Leistungen niemals verbessern. Die Versagensangst stellt für viele Menschen eine gewaltige Hürde dar, die oft mit einem ausgeprägten Hang zum Perfektionismus einhergeht.

> **Angst vor Erfolg** – Manchmal ist der Erfolg das eigentliche Problem. Vielleicht fragen Sie sich insgeheim: Wie leicht lässt er sich aufrechterhalten? Wie reagieren die Leute in meinem Umfeld, wenn ich auf die Überholspur überwechsle? Werden die Erwartungen an mich noch höher geschraubt? Das sind nur einige der Fragen, die Sie in Angriff nehmen sollten, bevor Sie gerüstet sind, Ihre Energie zurückzugewinnen.

> **Mangelnde Kenntnisse** – Wenn Sie keine Ahnung haben, wie Sie Ihren Energiespiegel erhöhen, fehlt Ihnen vermutlich auch die Motivation, daran zu arbeiten; das Buch unterstützt Sie hierbei.

Sich mit diesen verborgenen Vorteilen oder sogenannten »sekundären Gewinnen« alleine auseinanderzusetzen kann sich als schwierig erweisen. Erheblich vereinfachen lässt sich der Prozess mithilfe der Hypnotherapie, die das Problem auf der Ebene des Unbewussten angeht, also unmittelbar an der Wurzel. Die Ergebnisse können ungemein aufschlussreich sein! Auf jeden Fall sollten Sie dieses Buch sorgfältig durcharbeiten, und vielleicht stellen Sie am Ende fest, dass sich die sekundären Gewinne in Luft aufgelöst haben.

Das Buch bietet Einblicke und Strategien, die Sie langfristig bei einer erfolgreichen Lebensführung unterstützen, die einem Burn-out vorbeugen, Gedanken klären und Ihnen mehr Vitalität zur Bewältigung Ihres Alltags verleihen. Sind Sie bereit zu beginnen?

Legen Sie einen Textmarker griffbereit (oder benutzen Sie den digitalen Highlighter, wenn Sie das Buch auf einem Tablet lesen) und markieren Sie die Punkte, mit denen Sie nach Ihrer Ansicht die größte Wirkung erzielen können. Damit speichern Sie den Inhalt noch fester in Ihrem Gedächtnis. Außerdem können Sie, wenn Sie am Ende der Lektüre angekommen sind, die für Sie wichtigsten Informationen leichter herausfiltern und somit Zeit sparen. Zeit sparen ist gleichbedeutend mit Energie sparen!

1.

ENERGIE UND UMGEBUNG

WIE DAS LEBENSUMFELD DIE ENERGIE STÄRKT ODER SCHWÄCHT

Ihr Umfeld umfasst alles, was Sie räumlich umgibt – Ihre häuslichen vier Wände, Ihren Arbeitsplatz und den Ort, an dem Sie Ihre Freizeit verbringen. Die Qualität Ihres Umfelds kann sich auf Ihr Energie- und Leistungsniveau auswirken.

Ihr Umfeld wird von verschiedenen Faktoren beeinflusst, beispielsweise vom Ausmaß der Unordnung, die hier herrscht, von den Menschen, mit denen Sie Zeit verbringen, vom Geräuschpegel (Umweltlärm und Musik), von den Medien (einschließlich Zeitungen, Zeitschriften, Rundfunk und Fernsehen) und von den elektromagnetischen Feldern, die sich in Ihrer unmittelbaren Umgebung befinden. All dies kann sich positiv oder negativ auf Ihren Energiehaushalt auswirken, wie Sie nachfolgend sehen werden.

Unordnung

Es heißt, wer zwanghaft Dinge hortet, hält krampfhaft an emotionalen Problemen fest. Die »Sammelwut« ist ein Anzeichen dafür, dass man nicht loslassen kann. Wenn Sie unfähig sind, Ihr Umfeld zu entrümpeln, sind Sie außerstande, Platz für Neues zu schaffen. Heillose Unordnung beeinträchtigt einen ungehinderten Energiefluss. In diesem Fall kann auch die persönliche Energie blockiert werden.

Den Prinzipien des Feng-Shui zufolge können auch Gesundheit, zwischenmenschliche Beziehungen, Wohlstand, Kreativität, Reputation, das Potenzial zur Selbstverbesserung und vieles mehr darunter leiden. An dieser Stelle konzentrieren wir uns jedoch auf Ihre persönliche Energie.

Unordnung oder Gerümpel führt zu Stagnation. Dieser Stillstand ist der große Gegenspieler der Energie, denn er ebnet Lethargie und sogar Depressionen den Weg. Vielleicht kennen Sie das Gefühl, dass man sich zu nichts aufraffen kann, wenn man an einem Sonntagnachmittag stundenlang auf dem Sofa liegt? Wären wir auf den Beinen und mit irgendetwas beschäftigt, würde es uns leichter fallen, Aufgaben in Angriff zu nehmen, die keinen Aufschub dulden, denn ein Objekt, das sich bewegt, besitzt mehr Energie als eines, das sich im Stillstand befindet. Eines der Newton'schen Gesetze lautet: »Ein Körper verharrt im Zustand der Ruhe … sofern er nicht durch einwirkende Kräfte zur Änderung seines Zustands gezwungen wird.«

Stagnierende Energie lässt sich nur schwer mobilisieren; deshalb ist die Beseitigung von Unordnung in Ihrem Umfeld der Schlüssel, der Ihr Leben und Ihre Energie wieder in Fluss bringt. Wenn ich einen beträchtlichen Energieabfall bei mir feststelle, vor allem in Kombination mit der Unfähigkeit, klar zu denken, nehme ich zuerst einmal meinen Schreibtisch und mein Büro in Augenschein und sortiere alles aus, was ich nicht mehr brauche. In neun von zehn Fällen gelingt es mir, mit dieser schnellen Aufräumaktion meine Energie wieder in die richtigen Bahnen zu lenken. Welchen Unterschied könnten Sie mit einem Entrümpelungsmanöver bewirken?

ORDNUNG SCHAFFEN, SCHRITT FÜR SCHRITT

Hier einige Tipps, um Ihr Umfeld zu entrümpeln:

> Entsorgen Sie alte Bücher und Zeitschriften.
> Trennen Sie sich von unvollendeten Werken, von denen Sie wissen, dass sie niemals vollendet werden – oder geben (schenken) Sie sie jemandem, der etwas damit anzufangen weiß.
> Mustern Sie den längst abgelaufenen Papierkram aus, beispielsweise bezahlte Rechnungen aus uralter Zeit.
> Räumen Sie alles auf, was nach Unordnung aussieht – denken Sie daran: Ein Schreibtisch, auf dem Ordnung herrscht, deutet auf geordnete, klare Gedanken hin, und geordnete, klare Gedanken sind energetisch effizienter.
> Halten Sie Ihr Umfeld frei von Staub und Schmutz.
> Entrümpeln Sie alles, was nicht schön, nützlich oder von sentimentaler Bedeutung für Sie ist.

Wenn Sie sich an diese Tipps halten, werden Sie feststellen, dass Sie sich wesentlich leichter und freier fühlen.

Sie müssen sich deswegen aber auch nicht verrückt machen. Das Ziel besteht darin, ein Umfeld zu schaffen, das frei von Gerümpel, aber nicht stocksteif oder steril ist. Sie können auch einen Feng-Shui-Berater bitten, Ihnen spezifische Ratschläge in Bezug auf ein für Sie geeignetes Umfeld zu geben. Auch können Sie sich Grünpflanzen anschaffen – nicht weil sie dekorativ sind, sondern weil sie positive Energie anregen und den Sauerstoffgehalt der Raumluft erhöhen.

• • • •

DIE QUALITÄT IHRES UMFELDS KANN SICH AUF IHR ENERGIE- UND LEISTUNGSNIVEAU AUSWIRKEN.

• • • •

Menschen

Ist Ihnen schon einmal aufgefallen, dass Sie sich rundum energiegeladen fühlen, wenn Sie Zeit in der Gesellschaft bestimmter Personen verbringen? Diese Personen zeichnen sich in der Regel durch eine positive Grundstimmung und eine entspannte Einstellung zum Leben aus. Sie neigen selten dazu, sich selbst allzu ernst zu nehmen, sodass man nicht jedes Wort auf die Goldwaage legen muss. Dadurch verläuft das Gespräch ungezwungen, leicht und locker.

Im Gegensatz dazu gibt es Leute, die uns die Energie geradezu rauben. Ich pflege sie als »Energieparasiten« zu bezeichnen. Es fühlt sich an, als würden sie uns durch ihre bloße Gegenwart jeden Funken Energie aussaugen. Sogar dann, wenn sie einen Raum voller Menschen betreten, scheint sich ein abrupter Energieabfall bemerkbar zu machen. Sie haben gewöhnlich eine negative Weltsicht, sind zynisch und neigen dazu, ständig zu jammern und zu klagen. Sie rechtfertigen ihre destruktive Haltung mit der Behauptung, realistisch zu sein, »sich nur an Tatsachen zu halten«, oder werfen Ihnen sogar Naivität vor. Doch man kann zweifellos realistisch sein, ohne anderen die Energie zu rauben.

Wir können uns nicht immer aussuchen, mit wem wir Zeit verbringen. Doch wir können mit Sicherheit die Zeit begrenzen, die wir Energiedieben widmen, und mehr Zeit für Personen einplanen, die uns inspirieren und mit Kraft und Energie erfüllen. Es heißt, dass wir den fünf Menschen, mit denen wir besonders viel Zeit verbringen, zunehmend ähnlich werden; also wählen Sie Ihren Umgang mit Bedacht!

Und da wir gerade beim Thema sind: Fragen Sie sich doch einmal, wie die Energie beschaffen ist, die Sie selbst in Gegenwart anderer ausstrahlen. Bringen Sie eine positive, entspannte Energie in Ihre zwischenmenschlichen Beziehungen ein, oder müssen Sie feststellen, dass die Leute Ihnen aus dem Weg gehen oder zögern, in Kontakt mit Ihnen zu treten? Ist das ein Punkt auf Ihrer Liste, den Sie gerne ändern würden?

Dr. Travis Bradberry, Experte auf dem Gebiet der emotionalen Intelligenz, hat einen Artikel im sozialen Netzwerk LinkedIn veröffentlicht, in dem er die Grundmerkmale dieser toxischen Persönlichkeiten beschreibt:

> **Das Lästerer** zerreißt sich den Mund über andere und freut sich über deren Unzulänglichkeiten und Missgeschicke.

> **Der Temperamentvolle** ist außerstande, seine Gefühle zu kontrollieren.

> **Das Opfer** ist unfähig, Verantwortung für seine Situation zu übernehmen.

> **Der Egozentriker** benutzt andere als Mittel zum Zweck, um sich selbst gut zu fühlen.

> **Der Neider** ist missgünstig und versucht, die Leistungen anderer herabzusetzen.

> **Der Manipulator** ist stets darauf bedacht, seine eigenen Ziele zu erreichen, ohne Rücksicht auf die Bedürfnisse anderer.

> **Der Schwarzmaler** ist hochgradig negativ eingestellt und wird von einer dunklen Energie beherrscht.

> **Der Boshafte** freut sich, wenn es ihm gelingt, andere zu verletzen.

> **Der Moralapostel** verurteilt alles, was nicht seinen Vorstellungen von richtig oder falsch, gut oder böse entspricht.

> **Der Arrogante** verbirgt sich hinter der Fassade hochtrabender Zuversicht; er fühlt sich großartig, wenn er andere kleinmachen kann.

Wie verhalten Sie sich gegenüber Menschen mit einem solchen Persönlichkeitsprofil?

Erstens empfiehlt es sich, diese Charaktereigenschaften als das zu betrachten, was sie sind – ein Aderlass für Ihre Energie und ein Schandfleck, der Ihnen den Tag verdirbt. Zweitens sollten Sie Grenzen setzen und diese klar zum Ausdruck bringen. Das ist ein wenig komplizierter, weil viel von Ihrer Beziehung zu der toxischen Person abhängt. Müssen Sie die Beziehung nicht unbedingt aufrechterhalten, können Sie sie auch beenden.

Wenn Sie im Umkreis dieser Person bleiben müssen (am Arbeitsplatz oder weil sie zu Ihrer Familie gehört), sollten Sie unmissverständlich klären, was Sie akzeptieren und was nicht. Es ist leicht, den Bedürfnissen anderer eine höhere Priorität einzuräumen als den eigenen oder sich einzureden, dass ihr Verhalten keine Rolle spielt. Die Strategien im 2. Kapitel, die es Ihnen ermöglichen, klipp und klar Nein zu sagen, leisten Ihnen gute Dienste, wenn es gilt, sich abzugrenzen. Auch die folgende Abwandlung des Gelassenheitsgebets kann hilfreich sein:

• • • •

GOTT, GIB MIR DIE GELASSENHEIT, MENSCHEN HINZUNEHMEN, DIE ICH NICHT ÄNDERN KANN, DEN MUT, MENSCHEN ZU ÄNDERN, DIE ICH ÄNDERN KANN, UND DIE WEISHEIT, DAS EINE VOM ANDEREN ZU UNTERSCHEIDEN.

• • • •

Lärm

Was der eine als Lärmbelästigung empfindet, kann für den anderen eine Wohltat sein. Ein Freund von mir hört gerne Musik in voller Lautstärke, wenn er sich konzentrieren muss. Er findet, dass die Musik ihn belebt und den kreativen Prozess unterstützt. Ich sehe mich außerstande, einen klaren Gedanken zu fassen, wenn irgendwo im Hintergrund Musik läuft, und jeden Versuch, das Geräusch auszublenden, finde ich ermüdend. Bei dieser Entscheidung gibt es weder richtig noch falsch; jeder sollte nach seiner Fasson selig werden.

Welche Art von Musik finden Sie anregend, wenn Sie einen Energieschub brauchen? Welche Art von Musik muntert Sie auf, wenn Sie sich auf einem emotionalen Tiefpunkt befinden? Welche Art von Musik beruhigt Sie, wenn Ihre Nerven blank liegen? Eine eigene Energie-Playliste zu erstellen kann eine einfache Möglichkeit darstellen, binnen kürzester Zeit einen Stimmungs- und Energiewandel herbeizuführen. Es lohnt sich, einen Nachmittag zu investieren, um Musikstücke auszuwählen, die auf Ihre persönlichen Bedürfnisse abgestimmt sind.

Lärm kann auch im Zusammenhang mit Umweltgeräuschen stehen. Wenn Sie beispielsweise unter der Einflugschneise eines Flughafens oder in der Nähe einer Straße wohnen, auf der Bauarbeiten durchgeführt werden, kann der daraus resultierende Geräuschpegel eine erhebliche Beeinträchtigung darstellen – wenn Sie es zulassen. Mein erster eigener Haushalt nach der Hochzeit lag direkt in einer Einflugschneise. Alle drei Minuten donnerte ein Flugzeug so tief über unser Haus hinweg, dass wir dem Piloten beinahe zuwinken konnten. Der Krach war ohrenbetäubend, aber irgendwie gelang es uns, ihn so weit »auszublenden«, dass er uns nicht länger störte. Inzwischen wohnen wir in einer ruhigen Gegend und blicken überrascht nach oben, wenn ein Flugzeug über uns hinwegfliegt. Es kommt immer auf die jeweilige Perspektive und die Entscheidung an, worauf man die Aufmerksamkeit richtet.

Wenn Sie das nachfolgend abgebildete Gemälde von Salvador Dalí betrachten, sehen Sie entweder das Profil des spanischen Surrealisten oder die Gestalt einer Frau. Sollte es Ihnen schwerfallen, beides zu erkennen, ein kleiner Tipp: Der Kopf der Frau ist Dalís Auge. Man nimmt das wahr, worauf man die Aufmerksamkeit fokussiert. Gleich, was Sie auch sehen, Sie wissen, dass es auch eine andere Wahrheit oder Deutungsmöglichkeit gibt.

Ich denke an die Zugfahrten, bei denen Mitreisende Kopfhörer aufsetzen und Musik hören. Wenn ich meine Aufmerksamkeit auf die Schlaginstrumente konzentriere, ohne bewusst auf die Melodie zu achten, empfinde ich das gnadenlose Gewummer als unglaublich frustrierend. Wenn ich jedoch ein Buch lese oder meditiere, nehme ich das Geräusch überhaupt nicht wahr. Es kommt also nur darauf an, worauf man sein Augenmerk richtet.

Das Dalí-Gemälde zeigt, dass unser Fokus unsere Realität prägen kann. Wenn wir uns auf eine Lärmbelästigung konzentrieren, bekommen wir genau das zu spüren, gemeinsam mit dem Energieabfall, den sie erzeugt.

Sie haben also zwei Wahlmöglichkeiten:

Das Bild verschwindet No. 1, 1938, © Salvador Dalí, Fundació Gala-Salvador Dalí, DACS 2016, akg-images

> Sie lernen, Ihre Aufmerksamkeit gezielt auf etwas anderes zu richten.

> Sie setzen Kopfhörer auf, mit Musik, die Ihrem angestrebten Ziel (belebend oder entspannend) entspricht.

Medien

Nicht nur die Menschen, mit denen wir Zeit verbringen, wirken sich auf unsere Energie aus, sondern auch die Medien, mit denen wir in Berührung kommen: Zeitungen, Zeitschriften, Rundfunk und Fernsehen.

Es ist nützlich, darüber nachzudenken, welche Wirkung bestimmte Einflussfaktoren auf unseren Energiezustand haben. Finden Sie es beispielsweise anregend oder bedrückend, Zeitung zu lesen? Alles, was Sie emotional belastet, belastet auch Ihren Energiehaushalt. Ohne Ausnahme.

Natürlich sollte man sich über die Ereignisse in der Welt auf dem Laufenden halten, aber es ist nicht notwendig, sich von den negativen Schlagzeilen komplett vereinnahmen zu lassen. Zeitungen und Nachrichtenprogramme legen ihren Schwerpunkt hauptsächlich auf die schlechten Neuigkeiten und bieten im Rahmen ihrer Berichterstattung folglich nur selten eine ausgewogene Sichtweise. Es ist ziemlich leicht, angesichts dessen emotional aus dem Lot zu geraten. Vergewissern Sie sich also, dass Sie Ihr Bedürfnis, auf dem neuesten Stand zu sein, durch positive Lektüre, Rundfunk- und Fernsehinformationen ausbalancieren. Vielleicht beschränken Sie sich einfach auf die Schlagzeilen, es sei denn, ein Thema interessiert Sie wirklich brennend.

Elektromagnetische Felder

Es ist noch nicht endgültig bewiesen, aber manche Experten sind der Meinung, dass elektromagnetische Felder zahlreiche negative Auswirkungen haben, dass sie Müdigkeit und Erschöpfung, Kopfschmerzen, Panikattacken, Depressionen und andere gesundheitliche Beeinträchtigungen hervorrufen; möglicherweise tragen sie sogar zu Demenz und Tumorerkrankungen bei. Zwar fechten auch einige Organisationen diese Theorien an, aber wenn Sie scheinbar grundlos unter Energiemangel leiden, sollten Sie probehalber alle Elektrogeräte aus Ihrem Umfeld, insbesondere aus dem Schlafzimmer, verbannen. Das schließt Laptop, Fernseher, Handy, Basisstationen von Festnetzanschlüssen und Funkwecker ein.

Die Weltgesundheitsorganisation WHO hat 2001 unter anderem erklärt, es könne möglicherweise ein Zusammenhang zwischen der Belastung durch elektromagnetische Felder und Krebserkrankungen bestehen. Es hieß auch, es lägen nicht genug Daten vor, um gesicherte Schlussfolgerungen zu ziehen, aber wir müssen das Risiko ja nicht eingehen, wenn andere Optionen zur Verfügung stehen. Besorgen Sie sich einen altmodischen Wecker, entfernen Sie sämtliche Elektrogeräte aus Ihrem Schlafzimmer, mit Ausnahme der Nachttischlampe, und beobachten Sie, ob Sie einen Unterschied zu Ihrem vorherigen Gesundheits- und Energiezustand feststellen können.

In jedem Fall ist ein erholsamer Schlaf nicht gewährleistet, wenn sich Laptop, Handy oder Fernseher im Schlafzimmer befinden; sie stimulieren die Hirntätigkeit und haben somit eine negative Auswirkung auf den Schlaf, sodass Sie morgens aufwachen und sich wie gerädert fühlen. Ein Schlafzimmer ist für drei Dinge da: Ruhe, Schlaf und Sex. Punktum.

Als Schlusswort zum Thema Umfeld beschreibt der US-amerikanische Arzt und Psychiater Dávid Hawkins, der zwanzig Jahre lang die verschiedenen Ebenen des menschlichen Bewusstseins erforschte, in seinem Buch *Truth vs. Falsehood* die Erkenntnisse des Mediziners Hans Selye (1907–1082), der mit seiner wissenschaftlichen Pionierarbeit den Grundstein für die moderne Stressforschung legte. Selye erklärte die Stressreaktionsmuster folgendermaßen: Wird die ursprüngliche Alarmreaktion auf einen akuten Stressreiz ausgelöst, tritt ein kurzzeitiger Aktivierungszustand und eine Erhöhung der Widerstandskraft ein, der aber einen Zustand der Erschöpfung und physiologische Beeinträchtigungen nach sich zieht, wenn der Stress andauert. Die Dauerbelastung senkt nicht nur unseren Energiespiegel, sondern hat auch entscheidenden Einfluss darauf, ob unsere Energie positiv oder negativ ausgerichtet ist. Hawkins erklärt, dass jeder Stressreiz, der auf seiner Skala der Bewusstseinsebenen einen Schwellenwert von 200 überschreitet, inneren Frieden bewirkt, positive Gefühle schafft und das Immunsystem stärkt, während alle Stressreize in den Bereichen unter 200 zu Stress und Krankheiten führen. Hier eine Auswahl der Beispiele für die Bewusstseinsebenen nach Hawkins:

EIGENSCHAFTEN	WERT DES STRESSREIZES
auf Schuldzuweisungen bedacht	180
kritisch	120
Opfer / Täter	130–150
abhängig	250
diplomatisch	240
flexibel	245
bescheiden	270
rational	405

respektvoll	305
humorvoll	345

Film	
A Beautiful Mind – Genie und Wahnsinn	375
Bonnie und Clyde	105
Charles Dickens' Weihnachtsgeschichte	499
Der Exorzist	140
Toy Story	400

Musik	
The Beach Boys	400
Gangsta-Rap	35–95
Andrea Bocelli	550
Weihnachtslieder	550
Johann Strauss	475

Orte	
Flughäfen	205
Parkanlagen	350
Cafés	250
Der Louvre, Paris	500

Das zeigt, dass sich unsere Verhaltensweisen und Aktivitäten auf die *Qualität* unserer Energie auswirken – ob sie dunkel und aufgewühlt oder entspannt und positiv ist. Diese Auswirkungen überraschen, nicht wahr?

ZEIT ZUM NACHDENKEN

1 Herrscht Chaos in Ihrem Haushalt?

2 Herrscht Chaos in Ihren Schränken?

3 Herrscht Chaos an Ihrem Arbeitsplatz?

4 Achten Sie in Ihrem Umfeld auf Ordnung?

5 Horten Sie Dinge wie alte Bücher, Zeitschriften und Schriftstücke?

6 Gibt es in Ihrem Umfeld Pflanzen, um Ihre positive Energie anzuregen?

7 Gibt es Personen in Ihrem Leben, die Sie auslaugen?

8 Können Sie die Zeit einschränken, die Sie mit ihnen verbringen?

9 Können Sie die Auswirkungen dieser Personen auf ein Mindestmaß reduzieren, indem Sie sich vergewissern, dass Sie sich zum Ausgleich mit positiven Menschen umgeben?

10 Sind Sie bedrückt, wenn Sie Nachrichten anschauen oder Zeitung lesen?

11 Fühlen Sie sich nach den von Ihnen ausgewählten Fernsehprogrammen niedergeschlagen, lethargisch oder gelangweilt?

12 Können Sie elektromagnetische Felder in Ihrer Umgebung entfernen, vor allem im Schlafzimmer?

Wenn Sie eine dieser Fragen mit Ja beantwortet haben: Welche sind die drei wichtigsten und wirkungsvollsten Veränderungen, die Sie vornehmen können?

2.
VOM NUTZEN,
NEIN ZU SAGEN

∾

WIE EIN KLEINES WORT ENORME
ENERGIERESERVEN FREISETZEN KANN

In diesem Kapitel geht es um Selbstbehauptung und die Fähigkeit, klare Grenzen zu setzen – die Fähigkeit, Nein zu sagen. Was das mit Ihrer Energie zu tun hat? Nun, möglicherweise eine ganze Menge, wie Sie sehen werden, wenn Sie folgende Fragen beantworten:

> Stellen Sie fest, dass Sie Ja zu Dingen sagen, die Ihnen eigentlich widerstreben?

> Schultern Sie mehr, als Sie bewältigen können?

> Sind Sie derart beflissen, es jedem recht zu machen, dass Sie auch dann Ja sagen, wenn Sie im Grunde Ihres Herzens wissen, dass Sie Nein sagen sollten?

> Sagen Sie Ja, um eine Auseinandersetzung oder Streit zu vermeiden?

> Sagen Sie Ja, weil Sie Angst vor den Folgen haben, wenn Sie Nein sagen würden?

> Reiben Sie sich auf, während andere in Ihrem Umfeld eine ruhige Kugel schieben?
> Neigen Sie dazu, die Verantwortung für Glück und Wohlbefinden anderer zu übernehmen?

Wenn Sie eine dieser Fragen mit Ja beantwortet haben, ist das ein Hinweis darauf, dass Sie lernen sollten, im Umgang mit anderen klare Grenzen zu setzen oder Ihre eigenen Bedürfnisse zu äußern. Viele von uns sind mit der Überzeugung aufgewachsen, dass Hilfsbereitschaft eine Tugend und Nein zu sagen egoistisch ist. Aber es ist wichtig, dass Sie sich ein Grundprinzip der Sicherheitsvorkehrungen an Bord eines Flugzeugs vor Augen halten: In einem Notfall gilt es immer, zuerst die eigene Sauerstoffmaske anzulegen, bevor wir anderen dabei helfen. Die meisten Eltern würden darin übereinstimmen, dass ein solches Verhalten ihrer Intuition widerspricht; der Schutz der eigenen Nachkommen ist ein Grundinstinkt des Menschen. Doch wir können ihm nur dann folgen, wenn unsere eigene Sicherheit gewährleistet ist. Das gilt auch für die persönliche Abgrenzung. Wenn Sie den eigenen Bedürfnissen in stärkerem Maß Rechnung tragen, können Sie anderen unter dem Strich auch mehr geben. Sie entwickeln außerdem mehr Selbstachtung, mehr Selbstwertgefühl, mehr Respekt vor anderen – und mehr Energie.

Wir liefern anderen wichtige Anhaltspunkte für den Umgang mit uns. Wenn Sie ein Mensch sind, der zu allem Ja sagt, sind Sie auch der Erste, der von jemand anderem um einen Gefallen gebeten wird. Um anderen beizubringen, Ihre Grenzen zu respektieren, müssen Sie ihnen diese Grenzen klar aufzeigen. Ich gebe Klienten, die Probleme mit der Selbstbehauptung haben, eine einfache Aufgabe: Sie sind angehalten, im Verlauf der Woche auf drei Dinge mit Nein zu antworten. Es kann sich dabei um Kleinigkeiten handeln, beispielsweise: »Nein, keinen Nachschlag für mich!« oder »Nein, das geht nicht, ich muss zuerst meine eigene Arbeit erledigen« oder »Nein danke, ich möchte keinen Kaffee«. Setzen Sie sich ein Ziel, das erreichbar ist, denn dann sind Sie eher motiviert, es in Angriff zu nehmen. Diese einfache Übung hat drei Vorteile:

1. Sie trainieren Ihre Selbstbehauptungsmuskeln.
2. Sie gewöhnen die Leute daran, dass Sie nicht so leicht rumzukriegen sind.
3. Sie stärken Ihre Selbstachtung.

Aufbau des Selbstwertgefühls

Warum fällt es uns so schwer, Nein zu sagen? Dafür kann es viele Gründe geben, angefangen von der Erziehung bis hin zu Überzeugungen, welche Eigenschaften einen guten Menschen kennzeichnen, oder der Angst vor realen oder vermeintlichen Folgen eines Abgrenzungsversuchs. Ein besonders weit verbreiteter Grund ist die Befürchtung, andere könnten schlecht von uns denken.

Es gibt einen Ausspruch, der besagt: Einige Leute werden dich lieben, gleich, was du auch tust. Einige Leute werden dich hassen, gleich, was du auch tust. Aber alle anderen mögen dich so, wie du bist. Das Problem ist, dass wir viel Zeit damit verbringen, uns um die Gunst und Achtung der falschen Leute zu bemühen.

Gibt es irgendein Gemüse, das Sie nicht mögen? Eine meiner Freundinnen hasst Salatgurken. Sie kann sie auf den Tod nicht ausstehen. Schon bei der Erwähnung des Namens rümpft sie die Nase und verzieht angewidert die Lippen. Dabei ist im Grunde nichts gegen Salatgurken einzuwenden. Sie entsprechen nur nicht ihrem Geschmack.

Das Gleiche gilt für Menschen. Wenn einige Leute eine Abneigung gegen Sie entwickeln, ist das kein Grund für die Vermutung, dass mit Ihnen etwas nicht stimmt. Was nicht stimmt, ist die Chemie zwischen Ihnen. Sie müssen niemandem etwas beweisen. Die Billigung oder Missbilligung, mit der andere Ihnen begegnen, sagt nichts über Ihren Wert als Mensch aus. Sie stellt keine Messlatte dar, die Sie anlegen sollten, um sich zu definieren. Selbstwertgefühl ist eine Eigenschaft, die von innen ausgeht. Der Versuch, sich bei anderen beliebt zu machen, ist ein undankbares Unterfangen und zermürbend obendrein. Wenn Sie viel Zeit damit verbringen, um die Zuneigung der wenigen Menschen zu buhlen, mit denen Sie sich nicht auf der gleichen Wellenlänge befinden, verschwenden Sie Ihre Energie, und dieses Bedürfnis loszulassen hat eine befreiende Wirkung.

• • • •

EINIGE WERDEN DICH LIEBEN, GLEICH, WAS DU AUCH TUST. EINIGE WERDEN DICH HASSEN, GLEICH, WAS DU AUCH TUST. ABER ALLE ANDEREN MÖGEN DICH SO, WIE DU BIST.

• • • •

In seinem Buch *Ich bin o. k. – du bist o. k.* hat Dr. Thomas A. Harris, auf den Grundprinzipien der Transaktionsanalyse aufbauend, das Okay-Konzept entwickelt, das vier Grundeinstellungen umfasst, die das Verhalten des Menschen bestimmen, und uns ein besseres Verständnis unserer selbst ermöglicht:

Der Schlüssel ist der Aufbau des Selbstwertgefühls. Dies steht zwar hier nicht im Fokus, dennoch möchte ich Ihnen im Folgenden einige Tipps geben, um Ihr Selbstwertgefühl zu fördern und damit Ihrer Energie einen kräftigen Anschub zu verleihen.

Ich finde dich o.k.

Ich bin nicht o.k. Du bist o.k. (hilflos)	Ich bin o.k. Du bist o.k. (glücklich)
Ich bin nicht o.k. Du bist nicht o.k. (hoffnungslos)	Ich bin o.k. Du bist nicht o.k. (grauenvoll)

Ich finde mich nicht o.k.   Ich finde mich o.k.

Ich finde dich nicht o.k.

Erweitern Sie Ihre Komfortzone
Wenn Sie in Ihrer Komfortzone verharren, fühlen Sie sich zwar behaglich, fürchten sich aber vor allem, was aus der Außenwelt eindringt. Ein stabiles Selbstwertgefühl aufzubauen ist unmöglich, wenn Sie Angst haben; deshalb sollten Sie regelmäßig Ihre Komfortzone verlassen, deren Radius erweitern. Mit der Ausdehnung wächst auch Ihr Selbstvertrauen.

Hören Sie auf, sich mit anderen zu vergleichen
Haben Sie festgestellt, dass Sie Ihre »Schwächen« mit den »glänzenden Stärken« anderer vergleichen? Das ist ein todsicheres Rezept, um ein negatives Selbstgefühl zu entwickeln.

Wenn Sie sich selbst niedermachen, geht auch Ihre Energie in den Keller. Außerdem fällt Ihnen das Nein-Sagen dann noch schwerer, weil Sie anderen umso mehr gefallen möchten.

• • • •

PERSÖNLICHKEIT BEGINNT, WO VERGLEICHE AUFHÖREN. SEIEN SIE EINZIGARTIG. SEIEN SIE ERINNERUNGSWÜRDIG. SEIEN SIE SELBSTBEWUSST. SEIEN SIE STOLZ.

SHANNON L. ADLER

• • • •

Wir wissen nicht, welchen Herausforderungen und Belastungen andere gegenüberstanden oder welche Opfer sie bringen mussten, um zu erreichen, was sie erreicht haben. Genau das ist das Problem, wenn man von anderen nur die zur Schau gestellten Stärken kennt. Sie stellen nicht die wahre Persönlichkeit dar, sondern zeigen nur ihre beste Seite. Auch Sie besitzen ein bestes Selbst. Es ist an der Zeit, es zu hegen und zu pflegen.

Lernen Sie, sich selbst zu mögen

Wenn Sie beim Spiel, sich ständig mit anderen zu vergleichen, mitmachen, lässt Ihre Meinung von sich selbst vermutlich zu wünschen übrig. Dennoch haben Sie Freunde, die Zeit mit Ihnen verbringen. Sie haben eine Familie, die Sie liebt, trotz Ihrer Fehler und Unzulänglichkeiten. Deshalb möchte ich Sie bitten, alles aufzulisten, was Ihnen an sich selbst *gefällt*. Viele Leute finden das schwierig. Notfalls sollten Sie überlegen, wie Freunde, Angehörige und Kollegen Sie beschreiben würden. Falls Sie sich dann immer noch den Kopf zerbrechen, starten Sie eine Umfrage. Schreiben Sie aber unbedingt eine Liste, am besten auf eine dekorative Karte, die Sie in Sichtweite aufbewahren, um hin und wieder einen Blick darauf zu werfen. Die Eigenschaften, die Sie notiert haben, charakterisieren den Menschen, der Sie in Wirklichkeit sind. Sich auf die positiven statt auf die negativen Merkmale zu konzentrieren kann eine tiefgreifende Veränderung des Selbstwertgefühls bewirken und dazu beitragen, das Selbstvertrauen zu stärken, was wiederum das Nein-Sagen in Situationen erleichtert, in denen es erforderlich ist.

Hier einige Merkmale des Selbstbilds als Anregung für Ihre eigene Liste:

rücksichtsvoll	entschlossen	freundlich	großzügig
intelligent	gütig	offen	organisiert
pragmatisch	verlässlich	umgänglich	amüsant
aufrichtig	liebevoll	loyal	leidenschaftlich
positiv	humorvoll	gute Zuhörerin / guter Zuhörer	

Überwinden Sie einengende Überzeugungen

Überzeugungen sind diejenigen Gedanken, die Sie für wahr halten, beispielsweise »Ich bin nicht gut genug«, »Menschen, die großherzig sind, sagen immer Ja« oder »Nein zu sagen ist egoistisch«. Wir handeln, als wären diese Überzeugungen unumstößliche Wahrheiten, doch das ist ein Irrtum. Es sind Gedanken, an deren Richtigkeit wir *glauben*, nichts weiter. Zu den einengenden Überzeugungen gehören diejenigen, die unserem Selbstwertgefühl, unserem Glück und unserem Erfolg im Weg stehen. Selbstermächtigende Überzeugungen dagegen wirken unterstützend. Die einengenden Gedanken bekommen wir in den Griff, wenn wir Gedanken fördern, die uns stärken; sie stellen ein hervorragendes Gegenmittel dar. Hier einige Beispiele:

Einengende Überzeugung	Selbstermächtigende Überzeugung
Ich bin nicht gut genug.	Ich bin ein großherziger und wertvoller Mensch.
Menschen, die großherzig sind, sagen immer Ja.	Großherzige Menschen wissen, wann sie Ja sagen und wann sie taktvoll Nein sagen sollten.
Nein zu sagen ist egoistisch.	Freundlich Nein zu sagen ist ein Merkmal, das selbstsichere und urteilsfähige Menschen kennzeichnet.
Die Bedürfnisse anderer sind mir wichtiger als die eigenen.	Meine eigenen Bedürfnisse sind berechtigt.

Selbstermächtigende Überzeugungen müssen häufig wiederholt werden, um den einengenden Überzeugungen entgegenzuwirken, also bleiben Sie am Ball – die Mühe lohnt sich.

Welche einengenden Überzeugungen haben Sie? Und welche selbstermächtigenden Überzeugungen können Sie entdecken, um die einengenden Überzeugungen zu neutralisieren?

Konzentrieren Sie sich auf Ihre Leistungen

Sie sind durch eigene Anstrengung dorthin gelangt, wo Sie sich gerade befinden, auch wenn Sie der Meinung sind, Sie hätten sich mehr Mühe geben müssen oder mehr erreichen können. Sie glauben mir nicht? Als Baby konnten Sie weder laufen noch sprechen. Sich diese Fähigkeiten anzueignen ist Teil eines komplexen Lernprozesses, den Sie gemeistert haben. Sie haben das Laufen nicht aufgegeben, als Sie das erste Mal hingefallen sind. Sie haben es weiterhin versucht, bis Sie ohne nachzudenken einen Fuß vor den anderen setzen konnten. Das Gleiche gilt für das Erlernen der Sprache. Sie haben auf Ihrem Lebensweg noch viele weitere Leistungen erbracht – den ersten Schultag durchgestanden, einen Schwimmkurs mit Erfolg absolviert, den Führerschein gemacht, den Eintritt ins Erwerbsleben geschafft und die erhofften Beförderungen erzielt. Ganz egal, ob sie mehr oder weniger bedeutend sind, Sie können in Ihrem Leben auf zahlreiche Leistungen verweisen. Wenn wir erwachsen werden, gewöhnen wir uns an, sie zu ignorieren und unser Augenmerk stattdessen auf das zu richten, was wir nicht erreicht haben. Damit entsteht das Gefühl, »unterlegen, klein oder unbedeutend« zu sein, was wiederum zu Minderwertigkeitskomplexen und einem gesteigerten Bedürfnis nach Anerkennung führen kann.

Schreiben Sie eine Liste mit allen Leistungen, die Sie erzielt haben, gleich, ob kleine oder große; vielleicht notieren Sie diese auf der Rückseite der Karte mit den Eigenschaften, die Sie an sich selbst mögen. Werfen Sie so oft wie möglich einen Blick darauf, um sich an Ihre Fähigkeiten zu erinnern, zu lernen und zu wachsen.

Akzeptieren Sie Unvollkommenheiten

Vollkommenheit zählt nicht zu den Grundmerkmalen des menschlichen Daseins, und doch machen sich viele Menschen das Leben unnötig schwer, weil sie nicht absolut perfekt oder, schlimmer noch, nicht auf allen Gebieten absolut perfekt sind. Vollkommenheit ist kein Ziel, sondern ein Weg, wie es heißt. Das Leben als eine Abfolge von Lernfortschritten zu betrachten ist nützlicher, als sich vom eigenen Perfektionsanspruch tyrannisieren zu lassen. Sich selbst fertigzumachen, weil wir nicht perfekt sind, lässt das Selbstwertgefühl dahinschmelzen wie Regen den Schnee.

Die Angst, nicht gebraucht zu werden

Wir alle möchten das Gefühl haben, gebraucht zu werden, denn das ist eine der Möglichkeiten, unserem Leben Sinn, Zweck und Wert zu verleihen. Bei einigen Menschen kann dieses Bedürfnis zu der Neigung führen, sich als Märtyrer zu inszenieren – sie kommen sich nur dann wichtig und lebendig vor, wenn sie ihr Leid übertreiben oder in die Opferrolle schlüpfen, um Sympathien und Unterstützung zu gewinnen oder sich überlegen zu fühlen.

Damit bewirken sie nur, dass die Menschen in ihrem sozialen Umfeld bestenfalls das Gefühl haben, ihnen verpflichtet zu sein, und schlimmstenfalls, faul oder verantwortungslos zu sein. Doch wie Henry Cloud und John Townsend in ihrem Buch *Nein sagen ohne Schuldgefühle: Gesunde Grenzen setzen* darlegen, ist es unmöglich, anderen ein schlechtes Gewissen zu machen und gleichzeitig von ihnen geliebt zu werden. Die Frage lautet also: Was ziehen Sie vor – gebraucht oder geliebt zu werden? Sich Liebe zu sichern, indem man sich unentbehrlich macht, ist keine gute Strategie. Es kann sogar das Gegenteil bewirken und heimlichen Groll hervorrufen.

Wenn Sie bei einem Menschen, der Ihnen nahesteht, einen Zustand der erlernten Hilflosigkeit schaffen, weil Sie das Bedürfnis haben, gebraucht zu werden, reden Sie sich vielleicht ein, dass Sie nur großherzig sind und ihn vor Schaden bewahren wollen. Doch damit verwehren sie ihm das Recht, als Individuum in eigener Regie zu wachsen. Sie bestätigen ihn in seiner Opferrolle.

Das Dramadreieck-Modell

Der Psychotherapeut Stephen Karpman schuf das Modell der sogenannten funktionsgestörten Interaktionen, das er als Dramadreieck bezeichnete. Es zeigt unsere Neigung, althergebrachten zwischenmenschlichen Beziehungsmustern folgend bestimmte Rollen einzunehmen, die uns schwächen.

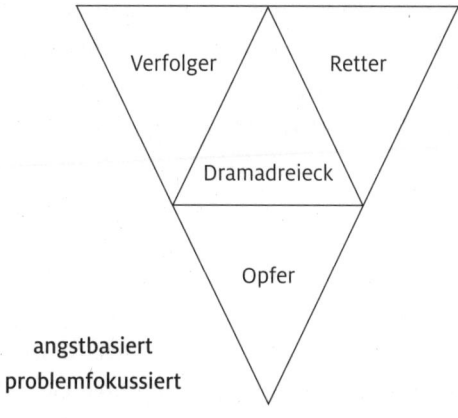

Adaptiert mit Genehmigung von Stephen B. Karpman, Autor von *Ein Leben ohne Spiele: Die neue Transaktionsanalyse der Vertrautheit, der Offenheit und der Zufriedenheit (2016)*

Das Opfer. Opfer sind in der Regel defensiv, submissiv oder passiv-aggressiv. Sie übernehmen selten Verantwortung für ihre Situation, sind meistens sehr sensibel und fühlen sich oft machtlos und außerstande, ihre Lebensumstände zu verbessern.

Der Retter. Retter eilen herbei, um das Opfer aus einer Notlage zu befreien. Diese Rolle erscheint wohltätig und positiv, doch in Wirklichkeit erzeugt sie Abhängigkeit und Hilflosigkeit, denn sie sorgt dafür, dass das Opfer in seinem Verhaltensmuster verharrt. Der Grund für das Verhalten des Retters kann das Bedürfnis sein, gebraucht zu werden, oder das Bestreben, die Abhängigkeit des Opfers aus bestimmten Gründen zu fördern, da sie ihm gute Dienste leistet – weil er sich dann stärker oder wichtig fühlt, einen Lebenssinn hat oder den Wunsch verspürt, von seiner Umwelt als heldenhaft, ohne Fehl und Tadel oder als Wohltäter gesehen zu werden.

Der Retter kann das Bedürfnis, sich besser zu fühlen, zudem an einem bestimmten Verhalten statt an einer bestimmten Person festmachen. Beispiele dafür sind das Trinken von Alkohol, Trost- oder Frustessen, Kaufsucht, Glücksspiel oder Rauchen als Stressbewältigungsstrategien. Sollten Sie dazu neigen, zu Ihrem Lieblingsessen, etwas Hochprozentigem oder irgendeinem anderen »den Bogen überspannenden« Verhalten zu greifen, wenn Sie sich emotional auf dem Tiefpunkt befinden, können Sie sicher sein, den Retter auf den Plan zu rufen. Hierbei scheint es sich um eine relativ harmlose Verhaltensweise zu handeln, aber sie bewirkt, dass Sie in Ihrer Rolle im Dramadreieck steckenbleiben, auch wenn es Ihnen nicht bewusst ist. Und das ist dem langfristigen Erhalt der Energie keineswegs förderlich.

Der Verfolger. Der Verfolger kann eine Situation sein, wie die Kündigung oder die Diagnose Krebs, oder eine Person, die beispielsweise einen anderen am Arbeitsplatz mobbt oder massiv einschüchtert. Ob beabsichtigt oder unbeabsichtigt, das Opfer sieht in dem Verfolger immer die Ursache seiner Probleme.

Das Interessante am Dramadreieck ist, dass diese Konstellation keinerlei Vorteile bietet; es gibt keine echten Gewinner, keine Erkenntnisse, kein Wachstum. Das Opfer lernt weder dazu, noch ändert es sich. Interessant ist auch, dass die Rollen nicht festgeschrieben sind, sondern reihum gewechselt werden können. Der Retter kann beispielsweise zum Verfolger werden, wenn das Opfer nicht gerettet werden will. »Hör auf, dich einzumischen, und lass mich mein Leben so führen, wie ich es für richtig halte« wäre ein sicherer Hinweis darauf, dass der Retter die Rolle des Verfolgers eingenommen hat.

Der Verfolger kann seine Rolle auch mit der des Opfers tauschen, wenn das Opfer mit Nachdruck für sich selbst und seine Belange einsteht. Vielleicht haben Sie schon einmal erlebt, dass ein Rüpel zur Rede gestellt und mit einem Mal kleinlaut wird, sich entschuldigt, einen Rückzieher macht oder in Tränen ausbricht. Ich kenne auch Situationen, in denen das Opfer zum Retter des Verfolgers wurde, weil der ursprüngliche Retter im Interesse des Opfers aggressiv reagierte. Jetzt wird es kompliziert, oder? Der wichtigste Punkt beim Dramadreieck ist, dass man in den tradierten Beziehungsmustern trotz Rollenwechsels so lange verhaftet bleibt, bis man das eigene Verhalten grundlegend ändert. Aber wie?

Umkehrung des Dramadreiecks

In seinem Buch *The Power of* TED *(The Empowerment Dynamic)* beschreibt David Emerald, wie man das Dramadreieck umkehrt, um eine Perspektive zu schaffen, die auf Selbstermächtigung setzt und die Aufmerksamkeit stärker auf die Lösung als auf das Problem richtet.

Das Opfer wird zum Schöpfer seines eigenen Lebensdrehbuchs, statt sich als Opfer seiner Lebensumstände zu betrachten. Statt abzuwarten, bis die Kündigung erfolgt, nutzen die Betroffenen die Chance, aktive Entscheidungen hinsichtlich ihrer weiteren beruflichen Laufbahn zu treffen. Statt sich nach erfolgter Krebsdiagnose gebetsmühlenartig zu fragen: »Warum ausgerechnet ich?«, beginnen sie, ihr Wohlbefinden eigenverantwortlich in die Hand zu nehmen und zu überlegen, wie sie das Beste aus ihrem Leben machen (so ging meine Mutter mit ihrer eigenen Diagnose um, und so gelang es mir, eine weniger lebensbedrohliche Erkrankung in den Griff zu bekommen). Statt sich dem Tyrannen am Arbeitsplatz zu beugen, treten sie für ihre eigenen Interessen ein (Tyrannen tyrannisieren nur Menschen, die sie als verletzlich wahrnehmen – sie lassen bald von ihrem Opfer ab, wenn es sich zu wehren beginnt, und suchen sich eine neue Zielscheibe). Der Schöpfer richtet seine Aufmerksamkeit auf das, *was er will*, statt sich von dem, was er *nicht will*, vereinnahmen und unterkriegen zu lassen.

Der Verfolger wird zum Herausforderer. Da das Opfer in die Rolle des Schöpfers geschlüpft ist, hat der Verfolger nicht mehr das gleiche Ausmaß an Macht und wechselt zur Position des Herausforderers über, indem er positive Handlungsoptionen anstößt. Sein Verhalten stellt eine Aufforderung dar, bestehende Fähigkeiten zu vertiefen und neue Kompetenzen zu entwickeln. Wir wachsen am besten, wenn wir mit Herausforderungen und Krisensituationen konfrontiert sind, und nicht unbedingt zu Zeiten, wenn alles wie am Schnürchen läuft. Das Leben ist nun mal kein Zuckerschlecken, und deshalb entscheidet der Schöpfer, Herausforderungen anzunehmen, um seine Wachstums- und Entwicklungschancen zu verbessern statt zu verringern. Wenn Sie Herausforderungen als Lehrmeister begreifen, fördern Sie Ihr persönliches Wachstum.

Der Retter wird zum Mentor. Statt das Opfer zu retten, bietet der Mentor Ermutigung und stellt selbstermächtigende Fragen, um dem Schöpfer den Weg zu ebnen – Fragen wie:

> ❯ Welches Ergebnis strebst du an?
> ❯ Wie gedenkst du das Problem zu lösen?
> ❯ Wie sieht dein nächster Schritt aus?
> ❯ Welche Lehren kannst du daraus ziehen?
> ❯ Hat die Situation auch eine positive Seite?

Im Gegensatz zum Retter, der die Führung übernimmt, spornt der Mentor den Schöpfer an, Eigenverantwortung zu entwickeln, das bedeutet sinnvolle Entscheidungen zu treffen, die selbstermächtigendes Denken und Handeln fördern, und aus Erfahrungen zu lernen.

Das Bedürfnis, gebraucht zu werden, treibt das Dramadreieck an; wenn Sie also feststellen, dass Sie häufiger, als es Ihnen guttut, in dieses Verhaltens- und Beziehungsmuster rutschen, sollten Sie die Rolle des Mentors anstreben. Sie setzen einen Teil Ihrer Energie in einer Situation frei, in der Sie damit eine positivere Wirkung erzielen. Gebraucht werden bedeutet nicht, dass Sie immer die Person sein müssen, die Verantwortung für das Wohlbefinden aller Beteiligten übernimmt. Das kann sich, wie dieser Abschnitt zeigt, als zerstörerisch erweisen.

Die Angst vor dem Verlust des Arbeitsplatzes

Als Unternehmensberaterin habe ich immer wieder verblüfft festgestellt, dass sich die Mitarbeiter, die Karriere machten und Anerkennung in Form von Gehaltserhöhungen und Beförderungen erhielten, hervorragend darauf verstanden, Nein zu sagen. Wenn sie einen Termin nicht einhalten konnten, sagten sie es ohne Umschweife oder nannten stichhaltige Gründe, warum es ihnen unmöglich gewesen war, fristgerecht zu liefern. Wenn sie sich ein paar Tage frei nahmen, obwohl eine wichtige Geschäftsbesprechung anberaumt war, die ihre Anwesenheit erforderte, erklärten sie unumwunden, dass sie nicht teilnehmen konnten. Sie brachten die Absage mit so großer Selbstsicherheit und Überzeugung vor, dass sie selten hinterfragt wurden. Sie kamen oft zu spät oder machten lange Mittagspausen. Auch das war kein Problem, weil sie es als ihr gutes Recht beanspruchten. Natürlich ist ein solches Verhalten nicht in jeder Situation ratsam; Voraussetzung ist, dass kein Leistungsdefizit entsteht und Respekt und Vertrauen ein tragfähiges Fundament bilden. Doch wie ich beobachten konnte, war die Fähigkeit, Nein zu sagen, keineswegs hinderlich für den Aufstieg auf der Karriereleiter.

Vergleichen wir diesen Mitarbeiter-Typus mit den gewissenhaften, anspruchslosen Arbeitsbienen – die stets pünktlich erscheinen, während der Mittagspause durcharbeiten, Überstunden machen und im Interesse des Unternehmens auf einen freien Tag verzichten. Wahre Musterexemplare, aber trotzdem werden sie übersehen. Wenn der prall gefüllte Bonustopf verteilt wird, gehen die heiß begehrten Zulagen an die Durchsetzungsfähigen, die Kühnen. Wenn Beförderungen anstehen, werden diejenigen damit bedacht, die einen Schritt vortreten und ihre Wünsche äußern.

Das ist nicht fair, aber meine langjährigen Erfahrungen in der Welt der Unternehmen haben mich gelehrt, dass diese Situation für viele Menschen Realität ist. Das heißt, sofern Sie nicht vom Schicksal mit einem scharfsichtigen und gerechten Chef bedacht wurden! In diesem Fall dürfen Sie sich überaus glücklich schätzen.

Es ist daher ungeheuer wichtig, klar und deutlich zu sagen, was Sie wollen und was Sie nicht akzeptieren, damit man Sie ernst nimmt. Die Menschen in Ihrem Umfeld lernen, Sie zu respektieren und Ihre Dienste nicht als selbstverständlich zu betrachten. Sie stärken dadurch Ihre Selbstachtung und Ihr Selbstwertgefühl. Und damit wächst auch Ihre Energie.

Stellen Sie Ihre Gedanken auf den Prüfstand

In ihrem Buch *Lieben was ist* erklärt Byron Katie das Konzept »The Work«, das die eigenen Gedanken infrage stellt und dazu auffordert, eine Situation aus vier verschiedenen Blickwinkeln zu überprüfen. Das ermöglicht uns, eine Wahrheit zu erkennen, die über unsere ursprünglichen Sichtweisen hinausgeht.

Wenn Sie beispielsweise denken: »Sie halten es für selbstverständlich, dass ich ...«, würden Sie am liebsten einen Rückzieher machen, aber vermutlich verdoppeln Sie Ihre Anstrengungen, in der Hoffnung, endlich die verdiente Anerkennung zu erhalten – was selten geschieht. Byron Katie empfiehlt, die Aussagen auf drei verschiedene Arten umzukehren:

Ursprüngliche	»Sie halten es für selbstverständlich, dass ich ...«
Aussage:	
1. Umkehrung:	»Ich halte es für selbstverständlich, dass sie ...«
2. Umkehrung:	»Ich halte es für selbstverständlich, dass ich ...«
3. Umkehrung:	»*Sie* sollten es eigentlich für selbstverständlich halten, dass ich ...«

Schauen wir uns nun jede dieser drei Umkehrungen genauer an.

1. Umkehrung: »*Ich* halte es für selbstverständlich, dass *sie* ...«
Könnte das stimmen? Ja, durchaus. Obwohl es zu ihren Aufgaben gehört, können Vorgesetzte nicht alle ihre Mitarbeiter ständig im Blick haben, zumal sie oft selber unter Druck stehen und ihre Aktivitäten von den eigenen Vorgesetzten und anderen firmeninternen und externen Interessenvertretern genau beobachtet werden; das gilt in besonderem Maß, wenn jemand (wie Sie) keine Ansprüche stellt. Es ist leicht, die schwierige Aufgabenstellung von Vorgesetzten als selbstverständlich zu betrachten, deren positive Verhaltensweisen zu ignorieren und den Blick stattdessen auf die negativen Aspekte zu richten.

Denken Sie daran, dass die Aussage: »*Sie* halten es für selbstverständlich, dass *ich* ...« für Opfer typisch ist. Sie müssen in den Schöpfermodus überwechseln, um aus diesem Verhaltensmuster auszubrechen. Wie sollte die Situation beschaffen sein, die Ihnen vorschwebt?

2. Umkehrung: »*Ich* halte es für selbstverständlich, dass *ich* ...«
Könnte das stimmen? Bei dieser Frage geht meinen Klienten normalerweise ein Licht auf. Es handelt sich gewöhnlich um die Aussage mit dem größten Wahrheitsgehalt, wenngleich es

nicht immer angenehm ist, sich darauf einzulassen. Ein typisches Opfer würde sich niedergeschlagen fühlen und zu der Schlussfolgerung gelangen: »Ich bin zu nichts zu gebrauchen«, »Ich bin pathetisch«, »Ich habe alles ruiniert« oder »Wenn ich ein besserer Mensch wäre, wäre das nie passiert«. Sie verstehen schon!

Im Gegensatz dazu würde der Schöpfer diese Erkenntnis als Geschenk betrachten – und als Energiequelle. Warum? Weil er es ist, der bestimmt, wie andere ihn sehen und wie er sich selbst wahrnimmt. Selbst wenn Sie vorher Fehler begangen haben, zwingt niemand Sie, den eingeschlagenen Kurs beizubehalten. Sie können ihn jederzeit ändern. Unverzüglich. Jetzt.

Und wie? Indem Sie Ihrem eigenen Beitrag mehr Gewicht beimessen. Indem Sie Ihre positiven Eigenschaften genauso hoch bewerten, als würde sich eine andere Person dadurch auszeichnen. Indem Sie sich zeigen, Ihr Licht nicht unter den Scheffel stellen und sich offen zu Ihren Leistungen bekennen. Wenn nicht einmal Sie für sich selbst einstehen, wer dann? Andere haben vermutlich keine Hemmungen, sich mit fremden Federn zu schmücken und Ihre Leistungen als ihr eigenes Verdienst auszugeben. Sind Sie bereit, aus Ihrem Schattendasein herauszutreten, um für sich selbst und Ihre Interessen einzutreten?

Die folgenden beiden Beispiele zeigen, wie Sie Anspruch auf Ihre Leistungen erheben können:

> ›   »Ich bin wirklich stolz auf dieses Projekt. Ich habe viel Zeit investiert, um die Elemente herauszufiltern, die unseren Fortschritt verhindert haben, aber jetzt freut es mich, sagen zu können, dass die von mir erarbeitete Strategie nicht nur Kosten einspart, sondern auch die Kundenzufriedenheit erhöht.« Klingt das nicht besser als: »Ach, das ist doch nicht der Rede wert«?

> Und zu Hause: »Ich bin wirklich stolz darauf, dass ich zwei Kinder großgezogen und ihnen beigebracht habe, andere zu respektieren und rücksichtvoll miteinander umzugehen. Ich behaupte nicht, dass es leicht war, denn das war es keineswegs. Kindererziehung ist ein ständiger Balanceakt, der erfordert, Grenzen zu setzen, Freiheiten zu gewähren und Unterstützung anzubieten. Doch die Mühe hat sich gelohnt.« Klingt das nicht besser als: »Meine Kinder sind ganz gut geraten«?

Es müssen keine spektakulären Leistungen sein, zu denen Sie sich offen bekennen. »Ich freue mich, dass ich es geschafft habe, den Bericht rechtzeitig abzuliefern« oder »Das neue Rezept, das ich ausprobiert habe, ist mir richtig gut gelungen« genügen zur Überprüfung und Selbstbestätigung.

Es ist ungeheuer wichtig, zu seinen Leistungen zu stehen, sich selbst Anerkennung zu zollen und den eigenen Wert zur Kenntnis zu nehmen, damit andere das Gleiche tun können.

3. **Umkehrung:** »*Sie* sollten es eigentlich für selbstverständlich halten, dass *ich* …« Ich hatte lange meine Schwierigkeiten mit dieser Aussage, aber sie ergibt Sinn, sobald man intensiv darüber nachdenkt. »Wirklich? Warum sollten sie?«, pflegte ich mich jedes Mal zu fragen. Mir wurde bewusst, dass ich Regeln anhing, die idealistisch gefärbt waren. So ging ich davon aus, dass die Menschen rücksichtvoll miteinander umgehen, dass Frieden auf der Welt herrscht und alle glücklich und zufrieden sind. Das mag einfach klingen, ist jedoch völlig unrealistisch. In »The Work« heißt es: Wenn wir etwas in Bezug auf uns selbst für selbstverständlich halten, warum sollten es andere dann

nicht genauso tun? Sie bringen anderen fortwährend bei, Sie auf eine bestimmte Weise zu behandeln. Es ist an der Zeit, das Blatt zu Ihren Gunsten zu wenden, und dieser Wandel beginnt bei Ihnen. Wenn Sie merken, dass andere Ihre Aktivitäten als selbstverständlich erachten, ist es an der Zeit für eine Innenschau, um herauszufinden, auf welche Weise Sie selbst zum Problem beitragen, und um eine Veränderung herbeizuführen. Diese Strategie fördert Stärke, Wachstum, Selbstvertrauen – und die Energie.

Krisensucht

Sind Sie krisensüchtig? Erledigen Sie Aufgaben in letzter Minute, damit eine Krise im Miniaturformat droht, vor der Sie die Welt retten können? Oder gehören Sie zu den Menschen, die sich nur dann lebendig fühlen, wenn sie Adrenalin in ihren Blutbahnen spüren? Wenn Sie dieses Buch lesen, weil Ihre Energie zu wünschen übrig lässt, könnte auch eine Krisensucht die Ursache sein.

Für diese Form der Abhängigkeit kann es mehrere Gründe geben. Sie haben vielleicht das Bedürfnis:

> Ihre »übermenschlichen« Kräfte zu beweisen.

> ständig die Bestätigung zu erhalten, dass Sie gebraucht werden.

> fortwährend Brandherde zu bekämpfen, weil Sie sich sonst langweilen würden.

> sich mit dem Stress, den Sie sich selber machen, den nächsten Schuss zu setzen, weil Sie ein Adrenalinjunkie sind.

Es besteht die Gefahr, dass die Krisensucht ein unkontrollierbares Ausmaß annimmt und Sie das Risiko eines Burn-outs eingehen. Das könnte Ihnen schlussendlich zum Verhängnis werden. Das Ergebnis wäre ähnlich wie bei Superman, der von einer rätselhaften Substanz namens Kryptonit abhängig ist, die ihn schwächt. Ihre Krisensucht – Ihr Kryptonit – führt irgendwann zu einem Zustand der Erschöpfung. Zum Kräfteverschleiß. Und die Gesamtbelastung steigt, denn Sie wirken außerdem auch noch auf das Stress- und Energieniveau anderer Beteiligter ein.

Superman war erst dann in der Lage, seine Superkräfte wiederzugewinnen, als es ihm gelang, vom Kryptonit abzulassen. In Ihrem Fall wäre das Ihre Krisensucht. Die Botschaft lautet also, dass man mit weniger oft mehr erreicht. Der Umgang mit Menschen, die von einer Krise zur nächsten schlittern, kann an den Kräften zehren, deshalb ist es kein Wunder, dass irgendwann alle Beteiligten ausgelaugt sind. Wichtig ist vor allem, dass Sie damit beginnen, sich selbst neu zu definieren. Es ist ziemlich unwahrscheinlich, dass die Menschen, die Ihnen nahestehen, Sie aufgrund dieses Persönlichkeitsmerkmals lieben; vermutlich mag man Sie *trotz* Ihrer Krisensucht. Sie haben doch bestimmt etwas Besseres zu bieten, oder?

Falls Sie ein Adrenalinjunkie sind, fühlen Sie sich wahrscheinlich nur dann lebendig, wenn Ihr Herz so rasend klopft, dass es zu zerspringen droht. Das mag ein gutes Gefühl sein, solange der Kick andauert, aber sobald die euphorisierende Wirkung nachlässt, setzt der Entzug ein und Sie sind unfähig, den Alltag zu bewältigen. Langfristig ist dieses Leben unter ständiger Hochspannung ungesund. Es ist wichtig, für die richtige Balance zu sorgen – der Spaß sei Ihnen gegönnt, aber Sie sollten durch entsprechende Ruhezeiten einen Ausgleich schaffen, beispielsweise mit Meditation, Achtsamkeitsübungen oder Selbsthypnose (siehe 7. Kapitel); dann können Sie sich auch an dem ruhigeren Fluss der Energie zwischen den Abenteuern erfreuen. Achtsamkeit ermöglicht Ihnen, den gegenwärtigen Augenblick zu genießen, im Hier und Jetzt voll präsent zu sein, statt von einer Aktivität zur nächsten zu hetzen. Mit der Selbsthypnose erzielen Sie das gleiche Ergebnis, indem Sie Ihre Gedanken umprogrammieren, um der Mensch zu werden, der Sie sein möchten. So können Sie auf der Basis der Ausgewogenheit eine positive Spannung auskosten. Außerdem erleichtern Sie anderen den Umgang mit Ihnen, und das ist doch erstrebenswert, oder?

Die Angst, als egoistisch zu gelten

Machen Sie sich Sorgen, dass man Sie für gemein halten könnte, wenn Sie andere nötigen, die Verantwortung für sich selbst und ihre Entscheidungen zu übernehmen? Wenn Sie ihnen die Möglichkeit vorenthalten, eigene Fehler zu machen und etwas aus eigener Kraft zu schaffen, nehmen sie ihnen das Recht auf eine persönliche Entwicklung nach eigenen Vorstellungen oder verstärken noch den Mangel an Eigenverantwortung. Keines von beidem ist gut, weder für die Betroffenen noch für Sie.

Sie können Nein sagen *und trotzdem* umgänglich sein. Die beiden Fähigkeiten schließen sich nicht gegenseitig aus. Manche Leute müssen erst lernen, Grenzen zu akzeptieren – Ihre eingeschlossen. Dazu kommt, wenn Sie ständig damit beschäftigt sind, andere zu retten, spielen Sie deren Problemen in die Hände und sorgen dafür, dass sie in den eingefahrenen Gleisen verharren, während Sie sich der Illusion hingeben, nett oder selbstlos zu sein, als hätte diese Tugend keinen Preis.

Manchmal ist liebevolle Strenge der größte Dienst, den man jemandem erweisen kann – damit erzielt man langfristige Ergebnisse, statt kurzzeitige Wünsche zu erfüllen. Wenn Sie fortwährend bemüht sind, andere vor den Folgen ihres Handelns zu bewahren, werden die Betroffenen feststellen, dass immer wieder die gleichen Probleme auftauchen, weil Sie ihnen die Chance nehmen, aus Erfahrungen zu lernen. Sie haben sich in den Fallstricken des Dramadreiecks verfangen und finden nur dann wieder hinaus, wenn Sie sich selbst und anderen die Gelegenheit geben, ihre eigenen Kräfte zu erproben.

Egoismus bedeutet, die eigenen Bedürfnisse zu befriedigen, ohne darauf zu achten, ob dies negative Folgen für andere hat. Allerdings sind wir auch nicht *für* andere verantwortlich, und solange wir ihnen durch unsere Entscheidungen keinen Schaden zufügen, handeln wir auch nicht egoistisch. Wir gehen nur fürsorglich mit uns selbst um.

Die Angst, sich unbeliebt zu machen

Wenn Sie Ja sagen, um sich die Liebe oder Zuneigung eines anderen Menschen zu bewahren, und das der einzige Weg ist, der Ihnen bleibt, kann von wahrer Liebe oder Zuneigung keine Rede sein. Sie hängen einer Illusion an, die von dem Bedürfnis aufrechterhalten wird, es jedem recht zu machen. Und diese »Liebe« ist an Bedingungen geknüpft – was bedeutet, dass sie entzogen oder eine Weile vorenthalten werden kann, wenn Sie aufhören, sich lieb Kind zu machen. Wahre Liebe oder Zuneigung ist frei von Auflagen – man mag Sie, so wie Sie sind und nicht wegen Ihres Status, Ihrer Aktivitäten, Ihres Kleidungsstils usw. Man liebt oder mag Sie trotz Ihrer Fehler und Unzulänglichkeiten, oder vielleicht gerade deswegen. Die Liebe oder Zuneigung, die man Ihnen entgegenbringt, hängt mit Sicherheit nicht davon ab, dass Sie Ja zu etwas sagen, was Sie im Grunde Ihres Herzens ablehnen.

Wenn Sie Angst haben, sich unbeliebt zu machen, mangelt es Ihnen höchstwahrscheinlich an einem stabilen Selbstwertgefühl. Das kann verheerende Auswirkungen auf ihre Energie haben, denn positive Bemerkungen (z. B. »Du siehst fantastisch aus!«) fördern die Energie, während negative (»Oh Gott, wie siehst du denn aus?!«) dazu führen können, dass Ihre gute Laune schwindet und damit auch Ihre Energie. Die wichtigste Beziehung, die es gibt, ist die Beziehung, die wir zu uns selbst haben. Sie sollten lernen, sich selbst zu lieben – ohne Wenn und Aber. Dann werden Sie Beziehungen anziehen, die von gegenseitigem Respekt und echter Zuneigung geprägt sind und bei denen Sie das Gefühl haben, geborgen zu sein und Ihr Glück zu verdienen – nicht aufgrund Ihres willfährigen Verhaltens, sondern aufgrund Ihrer liebenswerten Persönlichkeit.

Jeder, der Ihnen erzählt »Wenn du mich wirklich liebst, würdest du …« zielt letztlich nur darauf ab, die Kontrolle über Sie zu erlangen oder zu erhalten. Wahre Liebe oder Zuneigung setzt voraus, dass man anderen erlaubt, sie selbst zu sein. Der Wunsch, andere zu ändern, bedeutet im Klartext, dass sie so, wie sie sind, nicht liebenswert sind. Natürlich muss man dieses Bedürfnis im Zusammenhang mit der Notwendigkeit betrachten, Kompromisse zu schließen. Doch Kompromissbereitschaft ist keine Einbahnstraße. Wenn Sie sich ständig auf Kompromisse einlassen, bei denen Sie Ihre eigenen Bedürfnisse hintanstellen, um andere glücklich zu machen oder Streit zu vermeiden, kann von einer gesunden Beziehung keine Rede sein. Sie sollten sich immer wieder vor Augen halten, dass Sie nicht für das Glück, den Erfolg, die Entscheidungen oder das Wohl anderer verantwortlich sind, sondern nur für sich selbst und Ihre eigenen Belange.

Bei meiner Arbeit habe ich erlebt, dass sich einige meiner Klienten für andere Menschen verantwortlich fühlen, was sich jedoch nicht positiv in der Haltung oder im Verhalten ihrer »Schützlinge« widerspiegelt. Die machen sich das Leben leicht, indem sie sich darauf verlassen, dass sich andere um ihr Glück kümmern, und geben ihnen die Schuld, wenn etwas schiefläuft.

Die Angst, die Gefühle eines anderen Menschen zu verletzen

Wie bereits erwähnt, bringen wir anderen fortwährend bei, uns auf eine bestimmte Weise zu behandeln. Ich werde diesen Gedanken vermutlich noch häufiger wiederholen, weil er ungeheuer wichtig ist. Wenn wir zu allem Ja sagen, ziehen andere daraus die Schlussfolgerung, dass wir immer für sie da sind, dass es keine inneren Konflikte gibt und dass wir keine eigenen Bedürfnisse haben. Das sind oft keine bewussten Gedanken, sondern unterschwellige Annahmen, die bewirken, dass sie uns als erste Anlaufstelle ansteuern, wenn Not am Mann ist. So betreiben wir nicht nur Raubbau an unseren inneren Ressourcen (unserer Energie), sondern auch an unserer Selbstachtung – wenn wir nicht anfangen, Nein zu anderen und Ja zu uns selbst zu sagen.

Ja zu sagen ist eine Strategie, um andere davor zu schützen, verletzt zu werden, doch sie funktioniert nicht, wenn Sie selbst dabei Schaden erleiden. Ich hatte eine Klientin, die völlig fertig war, weil sie ein Familienunternehmen leitete und sich darüber hinaus noch um die Bedürfnisse und Probleme ihrer gesamten Familie kümmerte, zu der auch Enkelkinder gehörten, die sie auf Zuruf hütete. Auch wenn sie eigene Pläne hatte, pflegte sie auf alles zu verzichten, um auf die Wünsche anderer eingehen zu können.

Am Ende war sie völlig erschöpft und gestresst. Ich gab ihr eine Hausaufgabe: Sie sollte im Verlauf der Woche auf mindestens drei Bitten mit einem klaren Nein reagieren. Allein bei dem Gedanken wurde sie schon kreidebleich, erklärte sich aber einverstanden. Ihre beiden Hauptsorgen waren: Erstens, wie kommen sie ohne mich zurecht? Und zweitens, werden sie gekränkt oder völlig entgeistert reagieren, weil sie nicht wissen, was plötzlich in mich gefahren ist? Ich schärfte ihr ein, freundlich, aber bestimmt Nein zu sagen, und sie versprach, es auszuprobieren.

• • • •

SIE SIND NICHT FÜR DAS GLÜCK, DEN ERFOLG, DIE ENTSCHEIDUNGEN ODER DAS WOHL ANDERER VERANTWORTLICH, SONDERN NUR FÜR SICH SELBST UND IHRE EIGENEN BELANGE.

• • • •

Das Ergebnis kam für sie einer Offenbarung gleich. Zu ihrer Verblüffung nahm ihre Familie die Neuigkeit gefasst auf und suchte sich bald jemand anderen zur Unterstützung oder verlegte ihre Aktivitäten außer Haus auf einen anderen Abend. Das Selbstvertrauen meiner Klientin stieg gewaltig. Ihre Angst, was andere von ihr denken könnten, und die Sorge, wie ihre Familie ohne sie zurechtkam, legten eine dringend benötigte Ruhepause ein.

Denken Sie daran, dass Ihre Bereitschaft, anderen wahllos Aufgaben abzunehmen, kein Maßstab ist, an dem sich die Tiefe Ihrer Liebe oder Zuneigung ablesen lässt – es gibt weit bessere Möglichkeiten, sie sichtbar zu machen! Wenn Sie ständig damit beschäftigt sind, die Menschen zu retten, die Ihnen nahestehen, fördern Sie eine Beziehung, die von gegenseitiger Abhängigkeit geprägt ist. Sie können nicht für andere ihr Leben leben, können nicht für sie wachsen, können keine Entscheidungen für sie treffen, können nicht für sie aus Erfahrungen lernen. Lassen Sie liebevolle Strenge walten, und sagen Sie freundlich, aber bestimmt Nein, sodass Sie ihre Gefühle, falls überhaupt, weniger verletzen.

$\bullet \bullet \bullet \bullet$

DAS SCHWIERIGSTE AN DER ERZIEHUNG EINES KINDES IST, IHM DAS FAHRRADFAHREN BEIZUBRINGEN. EIN KIND, DAS ZUM ERSTEN MAL AUF EINEM FAHRRAD SITZT UND NOCH NICHT SATTELFEST IST, BRAUCHT SOWOHL UNTERSTÜTZUNG ALS AUCH FREIHEIT. DIE ERKENNTNIS, DASS ES GENAU DAS IST, WAS EIN KIND IMMER BENÖTIGEN WIRD, KANN UNS HART TREFFEN.

SLOAN WILSON

$\bullet \bullet \bullet \bullet$

Ich benutze dieses Zitat von Sloan Wilson bei vielen meiner Klienten, unabhängig davon, ob sie Kinder haben oder nicht. Wenn Sie von Natur aus ein fürsorglicher Mensch sind, kann es verführerisch sein, andere vor sich selbst zu retten, die Lenkstange ihres Fahrrads zu ergreifen, sie in die richtige Richtung zu schieben und dabei das Rad aufrecht zu halten, um einem Sturz vorzubeugen. Doch auf diese Weise lernt ein Kind nie, Fahrrad zu fahren. Sie versagen ihm diesen Genuss durch Ihr Übermaß an Fürsorge. Sie enthalten ihm das Gefühl einer grenzenlosen Energie vor, die sich aus der Erkenntnis speist, etwas geleistet und dabei eine Hürde überwunden zu haben – eine der ganz großen Freuden, die uns das Leben bietet. Kennen Sie das Gefühl der Euphorie, das sich einstellt, wenn Ihnen etwas gelungen ist, was Ihnen Angst gemacht hat? Was geschieht mit Ihrer Energie, wenn Sie das in eigener Regie geschafft haben? Und wenn jemand es abgelehnt hat, Ihnen zu helfen, und Sie damit verletzt hat – was geschieht dann mit diesem Gefühl? Ich wette, dass es sich angesichts der Aufregung, es selbst geschafft zu haben, in Luft auflöst, sich wandelt. Nein zu sagen kann ein Geschenk sein, das jemand braucht. Es ist wesentlich besser, zum TED-Club (Empowerment Dynamic) als zum Dramadreieck-Club zu gehören, finden Sie nicht?

In ihrem Buch *Nein sagen ohne Schuldgefühle: Gesunde Grenzen setzen* unterscheiden Henry Cloud und John Townsend zwischen Schmerz und Schaden. Eine kleine schmerzhafte Prozedur kann sich als sehr nützlich erweisen. Die beiden Autoren schildern einen Besuch beim Zahnarzt, der ein Loch im Zahn füllt. Die Behandlung war schmerzhaft, aber sie half. Der Zucker, den sie konsumierten und der hauptsächlich für das Loch im Zahn verantwortlich war, war nicht schmerzhaft, aber schädlich. Der Unterschied ist groß, deshalb lohnt es sich, zu fragen:

> Ist diese Entscheidung schmerzhaft?
> Ist diese Entscheidung schädlich?
> Ist diese Entscheidung hilfreich?

Manchmal kann eine schmerzhafte Entscheidung anderen helfen, einen Schritt vorzutreten und die Verantwortung für sich selbst zu übernehmen.

Wie man Nein sagt

Nein zu sagen ist eine Kunst, aber sie lässt sich problemlos erlernen. Und wenn Sie sich vor Augen halten, dass wir anderen mit unserem eigenen Verhalten beibringen, wie sie uns behandeln, sind Sie hoffentlich hochmotiviert, diese Techniken praktisch umzusetzen.

Zuerst müssen wir zwischen vier Sichtweisen unterscheiden, die das Ausmaß des Selbstvertrauens spiegeln:

> **Passiv** – Sie glauben, dass die andere Person das Recht auf ihrer Seite hat, während Sie keinerlei Rechte innehaben.
> **Assertiv** – Sie sind überzeugt, dass Sie beide die gleichen Rechte besitzen; Ihre Gedanken, Gefühle und Bedürfnisse haben den gleichen Stellenwert wie diejenigen der anderen Person.
> **Aggressiv** – Hier scheint es, als würde die andere Person sämtliche Rechte für sich verbuchen und Sie keinerlei Rechte anmelden können.
> **Passiv-aggressiv** – Sie wollen einen Konflikt vermeiden, deshalb erfolgt die Befriedigung Ihrer eigenen Bedürfnisse unter dem »Radar«.

passiv	assertiv	aggressiv	passiv-aggressiv
Du gewinnst, ich verliere.	Ich gewinne, du gewinnst.	Ich gewinne, du verlierst.	Du glaubst zu gewinnen, aber ich gewinne – ha!
Stil: Kapitulation	Stil: Zusammenarbeit	Stil: Einschüchterung	Stil: indirektes Aufbegehren

Es ist wichtig, sich daran zu erinnern, dass Ihre Gedanken, Gefühle und Bedürfnisse den gleichen Stellenwert wie diejenigen der anderen Person haben. Gleichzeitig müssen Sie die Verantwortung für Ihre eigenen Wahrnehmungen, Empfindungen und Handlungen übernehmen, aber *nicht* für diejenigen der anderen Person. Jeder ist für sich selbst verantwortlich, ungeachtet dessen, was man Ihnen einreden will.

Assertives Verhalten bedeutet, dass man in einer Situation für sich selbst und seine Bedürfnisse auf angemessene, respektvolle Weise eintritt. Diese Form der Selbstbehauptung hat nichts damit zu tun, widerspruchslos etwas hinzunehmen oder nachzugeben, wenn es einem zum eigenen Nachteil gereicht. Vielmehr wurzelt sie in einem positiven Selbstwertgefühl.

Dass aggressive Menschen über ein extrem starkes Selbstvertrauen verfügen, ist eine weitverbreitete Fehlauffassung. Sie haben im Gegenteil ein geringes Selbstwertgefühl, das sie hinter der Fassade der Überlegenheit und Großspurigkeit verbergen.

Wie erreicht man nun einen assertiven Kommunikations- und Verhaltensstil? Hier ein Beispiel: Angenommen, Ihr Chef hat Sie gebeten, heute Abend Überstunden zu machen, obwohl Sie andere Pläne hatten, nämlich das Schulkonzert Ihrer Tochter zu besuchen oder Ihre Frau wie versprochen zum Essen auszuführen oder gemeinsam mit Ihrer Freundin ins Konzert zu gehen, für das Sie Karten ergattert haben. Und so könnte das Gespräch verlaufen:

Ihr Chef: Wir haben einen wichtigen Termin, den wir einhalten müssen, und ich brauche Sie; deshalb müssen Sie heute Überstunden machen.

Sie, freundlich, aber bestimmt: Es tut mir leid, aber ich habe den heutigen Abend bereits verplant; daran lässt sich nichts mehr ändern.

Ihr Chef: Aber es ist wirklich wichtig.

Sie, freundlich, aber bestimmt: Ich weiß, wie wichtig der Termin für Sie ist. Aber ich kann heute nicht länger bleiben, weil ich den Abend bereits verplant habe; das lässt sich nicht ändern.

Ihr Chef: Aber Sie waren doch immer bereit, einzuspringen, wenn Not am Mann war, und dieser Termin ist ungeheuer wichtig.

Sie, freundlich, aber bestimmt: Wie ich bereits sagte, der heutige Abend ist bereits verplant; das lässt sich definitiv nicht ändern.

Hier kommen verschiedene Techniken zur Anwendung:

1. »Zur Kenntnis nehmen« – Das bedeutet, den Standpunkt der anderen Person zu bestätigen: »Ich weiß, wie wichtig der Termin für Sie ist.«
2. »Weil« – Das Wörtchen »weil« erhält großes Gewicht, wenn es in Kombination mit den beiden anderen Techniken verwendet wird. Seltsamerweise gilt das auch dann, wenn keine Verbindung zwischen Ursache und Wirkung besteht!
3. »Schallplatte-mit-Sprung« – Sie wiederholen Ihre Kernaussage wieder und wieder, statt sich auf eine Diskussion über den Grund Ihrer Ablehnung einzulassen. Dadurch wird es

schwierig, sich verbal mit jemandem auseinanderzusetzen. Durch die ständigen Erklärungen schwächen Sie Ihre Botschaft, und man hat das Gefühl, als müssten Sie sich selbst von Ihrem Standpunkt überzeugen.

Ein weiteres Beispiel: Angenommen, eine Freundin bittet Sie, die Weihnachtsparty im Büro zu organisieren – genau wie immer, denn Sie sind jedes Jahr dafür zuständig. Ihre Kollegen bieten zwar an, Ihnen zu helfen, tragen aber selten ihr Scherflein dazu bei, sodass die Arbeit letztlich an Ihnen hängenbleibt; daher haben Sie beschlossen, dieses Jahr anderen den Vortritt zu lassen. Sie helfen gerne, aber Sie haben keine Lust, wieder alles alleine zu machen. Das Gespräch könnte folgendermaßen verlaufen:

Ihre Freundin: Was hast du eigentlich für die Weihnachtsparty in diesem Jahr geplant?
Sie, freundlich, aber bestimmt: Gar nichts, weil ich dieses Jahr aussetze. Ich freue mich, dass jemand anders die Sache in die Hand nimmt.
Ihre Freundin: Aber du hast das immer so gut gemacht!
Sie, freundlich, aber bestimmt: Danke, aber dieses Jahr setze ich aus, damit andere auch einmal die Chance haben, zu zeigen, was sie können.
Ihre Freundin: Aber niemand macht das besser als du.
Ihre Freundin: Warum bist du so selbstsüchtig?
Sie, freundlich, aber bestimmt: Ich ermögliche nur jemand anderem, zu beweisen, was er kann, weil ich dieses Jahr aussetze.

Auch hier wird die Schallplatte-mit-Sprung-Technik benutzt, die keine echte verbale Auseinandersetzung ermöglicht. Ich habe noch ein paar »Weichmacher« hinzugefügt, damit die Ablehnung nicht so hart klingt, aber die Methode ist dennoch effektiv. Auch hier wird wieder das Wort »weil« verwendet, das die Botschaft subtil verstärkt. Die Redewendung »dieses Mal / Jahr« trägt ebenfalls zur Abmilderung bei und ist mit einer zusätzlichen Bedeutungsebene unterlegt: Sie haben diese Aufgabe schon oft übernommen, und es ist vollkommen angemessen, sie sich nicht ständig aufbürden zu lassen. Das ist für die anderen eine lehrreiche Information, denn sie weist darauf hin, dass Ihre Bedürfnisse bisher nicht berücksichtigt wurden. Sie signalisieren damit, dass es für Sie an der Zeit ist, klare Grenzen zu setzen – und genau das tun Sie mit Ihrer Absage. Alles gut!

Um zu zeigen, dass Sie auf ein gutes Einvernehmen bedacht sind, könnten Sie noch anfügen: »Was glaubst du, wer dieses Jahr die Organisation übernimmt, da ich ja ausfalle?« Damit geben Sie das Problem ab, ohne eine Konfrontation heraufzubeschwören.

Worte reichen nicht aus

Worte machen nur 7 Prozent der Kommunikation aus. Die Körpersprache übermittelt eine wesentlich stärkere Botschaft; Gestik und Mimik haben einen Anteil von 55 Prozent an der verbalen Kommunikation. Hier einige Beispiele für die unterschiedlichen Kommunikationsstile:

> **passiv:** Hände in den Taschen, hinter dem Rücken oder in der »Feigenblatt«-Position, Schwierigkeiten, Blickkontakt herzustellen.

> **aggressiv:** verschränkte Arme, Hände in die Hüften gestemmt, unbeirrter und harter Blickkontakt.

> **assertiv:** Arme an den Seiten, stetiger, aber sanfter Blickkontakt.

Auf den Klang Ihrer Stimme entfallen sage und schreibe 28 Prozent Ihrer Kommunikation, ungeachtet der Worte, die Sie benutzen:

> **passiv:** sanfter Tonfall mit »antipodischer Anhebung« am Ende, als würde es sich nicht um eine Aussage, sondern um eine Frage handeln.

> **aggressiv:** harter, eindringlicher Tonfall.

> **assertiv:** leiser Tonfall, mit dem Sie Ihrer Botschaft mehr Glaubwürdigkeit verleihen, vor allem, wenn die Stimme am Ende des Satzes abfällt.

Sagen Sie einmal probehalber »Ich kann heute keine Überstunden machen. Ich habe den Abend bereits verplant; daran lässt sich nicht mehr ändern.« Meiden Sie dabei den Blick Ihres Gegenübers und sprechen Sie mit leiser, hoher Stimme, die Sie am Ende des Satzes anheben.

Zum Vergleich: Wiederholen Sie den Satz in einem tieferen, festen Tonfall, der am Ende des Satzes abfällt; lassen Sie die Arme neben dem Körper und halten Sie sanften Blickkontakt mit Ihrem Gesprächspartner. Merken Sie, wie groß der Unterschied ist?

Ein unverzichtbares Element der Fähigkeit, Nein zu sagen, ist die Glaubwürdigkeit, die Sie mit Ihrer Aussage vermitteln.

Wenn Sie ständig Ja sagen, obwohl Sie eigentlich lieber Nein sagen würden, leidet Ihre Energie nicht nur aufgrund von Überforderung, sondern auch durch den heimlichen Groll, den das

Gefühl auslöst, sich von anderen ausnutzen zu lassen. Ganz zu schweigen von der enormen Beeinträchtigung Ihrer Selbstachtung, die damit einhergeht. Denken Sie an den spürbaren Unterschied, den Sie bewirken, wenn Sie beginnen, Ihre eigenen Bedürfnisse zu respektieren, und ihnen den gleichen – ihnen zustehenden – Wert beimessen wie den Bedürfnissen anderer.

• • • •

DIE FÄHIGKEIT, NEIN ZU SAGEN, UND DIE GLAUBWÜRDIGKEIT, DIE SIE MIT IHRER AUSSAGE VERMITTELN, GEHÖREN ZUSAMMEN.

• • • •

ZEIT ZUM NACHDENKEN

1 Würden Sie Ihren Kommunikationsstil als passiv, assertiv, aggressiv oder passiv-aggressiv einstufen, wenn es um Anfragen geht, die Ihre Zeit und Unterstützung erfordern?

2 Was müssen Sie tun, um Ihre Reaktionen in den assertiven Frequenzbereich zu verlagern?

3 In welchen Bereichen Ihres Lebens könnten Sie Ihre Energie positiv beeinflussen, wenn Sie häufiger Nein sagen würden?

4 Welche einengenden Überzeugungen verhindern, dass Sie klare Grenzen setzen?

5 Welche selbstermächtigenden Überzeugungen könnten Sie sich stattdessen zu eigen machen? Wiederholen Sie diese Aussagen jeden Morgen zehnmal vor dem Spiegel und drei weitere Male, wenn eine negative Überzeugung wieder aus der Versenkung auftaucht.

3.
SELBSTERMÄCHTIGUNG UND WACHSTUM

ॐ

WIE RÜCKSCHLÄGE ENERGIE SPENDEN UND DIE PERSÖNLICHE ENTWICKLUNG FÖRDERN KÖNNEN

Fühlen Sie sich entmutigt und kraftlos, wenn etwas schiefläuft oder wenn Sie negative Rückmeldungen erhalten? Und fühlen Sie sich im Gegensatz dazu energiegeladen und glücklich, wenn man Ihnen Lob und Anerkennung zuteilwerden lässt?

Shelle Rose Charvet ist eine weltweit anerkannte Expertin auf dem Gebiet des Neurolinguistischen Programmierens (NLP); sie hat dieses Konzept der Metaprogramme in ihrem Buch *Wort sei Dank: Von der Anwendung und Wirkung effektiver Sprachmuster* beschrieben. Sie entscheiden, wie wir Informationen wahrnehmen, und beeinflussen unser Verhalten. Eines dieser Metaprogramme ist das Konzept des internalen und externalen Referenzrahmens:

> **Ein Mensch mit einem internalen Referenzrahmen** weiß tief in seinem Innern, ob er eine Aufgabe gemeistert hat. Er kann

auf Rückmeldungen von außen verzichten, weil ihm bewusst ist, dass er auch ohne diese Form der Bestätigung gute Leistungen erbringt.

> **Ein Mensch mit einem externalen Referenzrahmen** hat kein inneres Bewertungssystem, sondern braucht Feedback von außen, um seine Leistung anzuerkennen (oder auch nicht). Fehlt diese Form der Bestätigung, nehmen die meisten Menschen an, dass sie einer Aufgabe nicht gewachsen waren, und fühlen sich deprimiert und demotiviert.

Das gilt auch für die private Ebene. Angenommen, Anne wäre ein Mensch mit einem externalen Referenzrahmen. Sie war gerade beim Friseur und trägt ein neues Kleid. Sie fühlt sich fantastisch. Ihr Mann ignoriert ihr Erscheinungsbild. Im Bruchteil von Sekunden sinkt ihre Stimmung auf den Tiefpunkt. Sie nimmt an, dass ihr Mann das Kleid und die Frisur grauenhaft findet. Bei ihr läuft ein Metaprogramm ab, das in zweifacher Hinsicht eine Herausforderung darstellt, denn Menschen mit einem externalen Referenzrahmen reagieren auf negative Rückmeldungen, doch sie fühlen sich gleichermaßen schlecht, wenn sie fehlen.

Im Gegensatz dazu können Menschen mit einem internalen Referenzrahmen für Rückmeldungen unempfänglich sein – schließlich wissen sie ja, was Sache ist, niemand muss es ihnen sagen! Die Kehrseite der Medaille ist, dass sie oft unfähig sind, berechtigte Kritik zu akzeptieren. Sie verschließen dem persönlichen Wachstum auf völlig andere Weise Tür und Tor. Aber ihr Selbstvertrauen ist groß.

Das Selbstvertrauen von Menschen mit einem externalen Referenzrahmen schwankt; es ist abhängig von den Informationen, die sie erhalten. Ihre Steuerungszentrale befindet sich in der Außenwelt. Und ihre Lage ist nicht sehr positiv, denn ein hohes Maß an Selbstvertrauen ist eng mit einem hohen Maß an Energie verbunden. Schrumpft also das Selbstvertrauen, schrumpft auch die Energie.

Wachstum durch Herausforderungen

Natürlich lieben wir positive Rückmeldungen; es ist eine Wohltat, hin und wieder Streicheleinheiten für unser Ego zu erhalten. Dennoch habe ich sowohl bei meinen Klienten als auch bei mir selbst im Lauf der Zeit beobachtet, dass wir die wichtigsten Lektionen im Leben nicht dann lernen, wenn alles glattläuft, sondern wenn etwas schiefgeht. Wenn wir Rückmeldungen aus einer anderen Warte betrachten und sie als ein Geschenk verstehen, das Lern-, Entwicklungs- und Wachstumsprozesse ankurbelt, dann fördern sie die Motivation zu handeln, um uns stetig zu verbessern und Schritt für Schritt weiterzuentwickeln.

Das erinnert mich an Steve, der Angst hatte, Präsentationen zu halten. Als neuer Mitarbeiter im Vertrieb eines Technologieunternehmens musste er vor allem potenziellen Kunden die Produkte vorführen und Verträge unter Dach und Fach bringen; die Pflege der bestehenden Kundenbeziehungen, die andere Kompetenzen erforderte, machte nur einen kleinen Teil seiner Tätigkeit aus. Die Präsentationen vor Neukunden liefen bestens. Die Technologie war seine Leidenschaft, und es machte ihm Spaß, Menschen dabei zu helfen, die für sie richtigen Lösungen zu finden.

Das Problem begann, als er eine Präsentation vor den Vorstandsmitgliedern seines eigenen Unternehmens halten musste. Sie kannten die Technologie bereits, sodass er sie damit nicht zu begeistern vermochte. Die Rolle des »Helfers« war ihm auf den Leib geschrieben, doch ohne sie gab es nichts, wohinter er sich verbergen konnte. Der Vorstand wollte Zahlen von ihm hören. So selbstbewusst er im Umgang mit Kunden war, so fühlte er sich in Gegenwart seiner Vorgesetzten ausgeliefert, von denen er nicht gerade mit Lob für seine Leistungen überschüttet wurde – trotz der guten Ergebnisse, die er erzielte.

Er erkannte, dass sein Selbstvertrauen eine Folge der positiven Rückmeldungen von seinen Kunden und der daraus resultierenden Verkaufsabschlüsse war – es geht eben nichts über einen unterschriebenen Vertrag als Gradmesser für eine gut bewältigte Aufgabe!

Sein Mangel an Selbstvertrauen dagegen war auf das fehlende Feedback seiner Vorgesetzten zurückzuführen. Das hatte zur Folge, dass es seinen Präsentationen an Tiefe fehlte, denn im Vordergrund standen stets Fragen wie: »Mache ich es richtig?« oder »Gefällt ihnen der Ablauf?«. Wenn man durch diesen mentalen Filter der Selbstbeurteilung kommuniziert, ist es schwierig zu glänzen. Eine Präsentation oder ein Gespräch wirkt dann mit Sicherheit zögerlich und gehemmt, und es ist unwahrscheinlich, dass man auf diese Weise Vertrauen zum Inhalt der Botschaft weckt.

Wie ließ sich nun Steves Kommunikationskompetenz verbessern?

Verantwortung übernehmen

Der erste Schritt bestand darin, ihm bewusst zu machen, dass er sich selbst in diese Situation hineinmanövriert hatte und sich deshalb auch wieder aus eigener Kraft herauskommen konnte.

Es ist leicht, anderen die Schuld an der eigenen Gefühlslage zu-zuweisen, aber in Wirklichkeit sind wir ausschließlich selbst dafür verantwortlich. Es kommt darauf an, wie wir eine Situation deuten, was wir verinnerlichen und was wir nur im Blick behalten wollen. Verantwortung ist das kraftvolle Vermögen, auf jede Situation nach eigenem Ermessen zu »antworten«.

Einen proaktiven Zustand schaffen

Vor jeder Geschäftsbesprechung sollte er sich in einen proaktiven Zustand versetzen. Das heißt, statt sich verletzlich und machtlos vorzukommen, sollte er sicherstellen, dass er stark, zuversichtlich, gelassen und der Situation gewachsen in die Besprechung ging – sodass er in der Lage war, angemessen und intuitiv auf die jeweiligen Umstände zu reagieren. Das ist leichter gesagt, als getan, aber zugleich doch einfacher, als Sie denken.

Wenn Sie sich an eine Situation erinnern, vor der Ihnen graute – sagen wir, eine berufliche Besprechung –, sah Ihre mentale Landkarte im Vorfeld zweifellos so aus, dass Ihnen alles Kopfzerbrechen bereitete, was damit zusammenhing. Sie haben sich vielleicht schon vorher ausgemalt, dass Sie ein wichtiges Argument verpatzen, auf das Sie eingehen wollten, oder missbilligende Blicke von jemandem ernten, den es zu beeindrucken galt, oder dass die übrigen Teilnehmer ihr Desinteresse dadurch bekundeten, dass sie sich ungeniert unterhielten und Ihren Worten keinerlei Beachtung schenkten. Wir neigen dazu, unsere Erwartungen an den Verlauf einer bestimmten Situation schon im Vorfeld Revue passieren zu lassen. Wenn Ihnen vor etwas graut, machen Sie sich selbst das Leben schwer und programmieren das Schlimmste geradezu vor. Wenn Sie im Gegensatz dazu an eine Zeit denken, in der Sie sich rundum zufrieden, zuversichtlich, selbstbestimmt und in der Lage fühlten, andere zu überzeugen, haben Sie gute Chancen, in der Besprechung ein positives Ergebnis zu erzielen.

Als Alternative können Sie auch an Situationen oder Menschen denken, die Ihr Herz erwärmen – vielleicht Ihr Partner, Ihr Hund oder eine glückliche Zeit. Wenn Sie sich gestatten, tief in diese positive Erfahrung einzutauchen (in das, was Sie dabei vor sich sehen, hören und empfinden), können Sie das, was Sie zuvor fürchteten, nun durch einen konstruktiveren Filter wahrnehmen.

Wenn Sie feststellen, dass Sie von positiven Rückmeldungen abhängig sind, um sich gut zu fühlen, machen Sie sich das Leben schwer, denn die meisten Menschen in Ihrem Umfeld kommen nicht auf die Idee, Ihnen die benötigten Streicheleinheiten zu verabreichen. Die meisten sind mit ihren eigenen Erfahrungen beschäftigt, ohne zu merken, welche Auswirkungen ihre Unachtsamkeit auf Sie hat. Das bedeutet nicht, dass sie Ihre Leistungen negativ beurteilen. Es ist wichtig, voreilige Schlussfolgerungen zu vermeiden, wenn positive Rückmeldungen fehlen; bewerten Sie daher Ihre Leistungen, egal, auf welchem Gebiet, auf der Grundlage Ihrer eigenen Kriterien.

Einem positiven Ergebnis den Weg ebnen

Als Nächstes musste Steve entscheiden, welches Ergebnis er erzielen wollte. Viele Menschen, die unter den negativen Auswirkungen eines externen Referenzrahmens leiden, pflegen nicht darüber nachzudenken, was sie *erreichen wollen,* sondern was sie um jeden Preis *vermeiden wollen.* Das hat zur Folge, dass sich die Aufmerksamkeit auf die negativen statt auf die positiven Aspekte richtet. Ihre Aktivitäten sind auf Ihren Fokus abgestimmt. Konzentrieren Sie sich also auf die negativen Aspekte, erhalten Sie vermutlich ein negatives Ergebnis. Konzentrieren Sie sich dagegen auf die positiven Aspekte, ist ein gutes Resultat wahrscheinlicher, weil Sie Ihr Handeln an einem positiven Fokus ausrichten.

Welches Ergebnis wollte Steve vermeiden? Vielleicht wollte er von seinen Vorgesetzten nicht als inkompetent oder erfolglos wahrgenommen werden. Doch genau dadurch hat er seinen Fokus auf Inkompetenz und Erfolglosigkeit gerichtet. Es ist dieser mentale Filter, der den Interaktionen eine negative Färbung verleiht.

Nehmen wir an, er hätte sich für ein positives Ergebnis entschieden, beispielsweise die Realisierung seiner Ziele und seine gute Auftragslage mit Selbstvertrauen zu übermitteln. Damit hätte er eine deutlich konstruktivere Grundeinstellung geschaffen, die nicht mit Zweifeln oder Ängsten behaftet ist, sondern von eben jenem Selbstvertrauen zeugt, mit dem er seinen Kunden begegnet.

• • • •

WENN DAS SELBSTVERTRAUEN SCHRUMPFT, SCHRUMPFT AUCH DIE ENERGIE.

• • • •

Die 3:1-Technik

Ich weise meine Klienten gerne auf die 3:1-Technik hin. Sie fördert das Selbstwertgefühl und die positiven Aktivitäten, während sie ihnen gleichzeitig den Luxus – und das Vergnügen – bietet, zu wachsen und sich stetig weiterzuentwickeln. Und so wird sie angewendet:

Denken Sie in jeder Situation, die ein Problem für Sie darstellt, an drei Aspekte, die Sie gut gemeistert haben, und an eine Herausforderung, die sie aus heutiger Sicht anders angehen würden. Vielen Leuten fällt es schwer, sich drei positive Aspekte ins Gedächtnis zurückzurufen. Das ist kein Wunder, denn sie sind daran gewöhnt, ihr Augenmerk auf ihre Fehler und Unzulänglichkeiten zu richten. Sie sind blind geworden für ihre Erfolge, nehmen von ihren Leistungen nur noch am Rande Notiz und ignorieren gute Ergebnisse. Sie holen, bildlich gesprochen, das Vergrößerungsglas heraus und begeben sich auf die Suche nach Kritikpunkten, die dafür sorgen, dass sie sich inkompetent, wertlos und ausgelaugt fühlen.

Für das Verhältnis 3:1 gibt es einen Grund. Durch die Betonung der positiven Aspekte verstärken Sie Ihre positiven Aktivitäten, sodass diese überwiegen. Denken Sie also an drei positive Aspekte und an einen konstruktiven oder, wenn Ihnen das lieber ist, einen negativen Aspekt. Das hat zur Folge, dass Sie die Neigung zur Selbstkritik neutralisieren, ohne die Verbesserungsmöglichkeiten außer Acht zu lassen. Sie haben vielleicht bemerkt, dass mit »:1« etwas gemeint ist, was sie rückblickend anders machen würden. Diese Formulierung ist bewusst positiv gehalten; sie klammert Strafmaßnahmen aus. Sie stützt sich ausschließlich auf die Beobachtung von Bereichen oder Situationen, die Sie beim nächsten Mal besser bewältigen könnten, sodass Sie fortwährend dazulernen und wachsen. Die Rückschau ist eine hervorragende Lehrmeisterin, und die 3:1-Technik macht sich deren Weisheit stetig zunutze.

Hier ein anschauliches Beispiel: Jennifer hatte Bedenken, ihre eigenen Bedürfnisse in ihrem Bekanntenkreis geltend zu machen, vor allem bei ihrem Freund. Sie freute sich, wenn sie andere glücklich machen konnte, aber ihre eigenen Wünsche blieben stets unberücksichtigt. Niemand ahnte etwas von ihrem inneren Konflikt, weil sie ihn nie zur Sprache brachte. Bei der nächstbesten Gelegenheit probierte sie die 3:1-Technik bei ihrem Freund aus – sie wollte ins Kino gehen und er in einen Pub. Hier ihr Lösungsvorschlag, die Art, wie sie ihn vorbringt, und die Auswertung ihres Ansatzes:

Wie sie sprach

Mit zitternder, zögerlicher Stimme: »Wir waren gestern schon im Pub, und heute würde ich mir gerne den neuen Film im Kino anschauen. Wir können ja hinterher noch etwas trinken gehen, wenn du willst. Ist das okay für dich?«

3 gute Aspekte

1. Sie hat ihren Wunsch klar zum Ausdruck gebracht.
2. Sie hat seinen Wunsch respektiert.
3. Sie hat einen Kompromiss gefunden.

Was sie das nächste Mal anders machen würde

Das nächste Mal würde sie einen freundlichen, aber bestimmten Ton anschlagen.

Diese Methode hilft Ihnen, objektiver zu sein, auf den positiven Aspekten einer Situation aufzubauen, um sie beim nächsten

Mal zu wiederholen, und sich ständig weiterzuentwickeln. Damit wächst auch Ihre Energie. Ohne kontinuierliche Weiterentwicklung würde ein Stillstand erfolgen. Es wäre so ähnlich, als neigten sich Ihre Batterien dem Ende zu, sodass Ihr Leistungspotenzial sinkt, bis Sie nur noch ein Schattendasein führen. Das bedeutet natürlich nicht, dass Sie nicht auch aus Erfolgen lernen können, aber die größten Wachstumschancen bieten Situationen, die nicht nach Plan laufen.

Aus Rückschlägen lernen

Leider ziehen wir aus schwierigen Erfahrungen viel zu oft negative Lehren, wie die folgenden Beispiele zeigen.

GARYS GESCHICHTE

Gary erfuhr von seinem Chef, dass er den beantragten Urlaub nicht genehmigen konnte, weil ein wichtiger Termin bevorstand.

Negative Lehren

Gary gelangte zu der Schlussfolgerung, dass sein Chef ihn nicht mochte und er beruflich nie weiterkommen würde. Er nahm die Absage persönlich. Das ist eine weitverbreitete und oft völlig unbegründete Fehlannahme. Außerdem verankerte er sich damit im Opfermodus (siehe Dramadreieck im 2. Kapitel).

Positive Lehren

Um positive Lehren aus einer Erfahrung zu ziehen, gilt es in den Schöpfermodus überzuwechseln (siehe Selbstermächtigungsdynamik im 2. Kapitel) und die Situation aus der Lernperspektive zu nutzen. Dies erfordert lediglich die Entscheidung, sie aus einem anderen Blickwinkel zu betrachten. Falls das schwierig sein sollte, überlegen Sie einfach, wie andere – Personen, die einen anderen Standpunkt als Sie vertreten – die Situation beurteilen würden. Es sollte sich um Personen handeln, die positiv, klug und in der Lage sind, Situationen mit leichter Hand in den Griff zu bekommen. Mit dieser Methode aktivieren Sie einen anderen Teil Ihres Bewusstseins – Ihr höheres Selbst, das einfühlsam, weise und ausgewogen ist. Gary hätte dadurch die pragmatische Beobachtung machen können, dass Termine im Geschäftsleben von großer Bedeutung sind, und wäre imstande gewesen, einen Blick für das Ganze zu gewinnen:

> Er hätte überlegen können, warum die Arbeit so kurz vor dem Termin noch nicht erledigt war.

> War sie im Wust der anderen Aufgaben untergegangen?

> War jemand seiner Verpflichtung nicht nachgekommen?

> Waren entsprechende Prioritäten gesetzt worden?

> Lag irgendwo eine Fehlplanung vor, sodass ihm nun die undankbare Aufgabe zufiel, das Versäumte in letzter Minute nachzuholen?

> Waren seine Erwartungen realistisch gewesen?

> Hatte er die Aufgaben an die richtigen Personen delegiert und klare Zeitschienen vorgegeben?

> Hatte er vergessen, dass sich die Person, die mit der Aufgabe betraut worden war, im Krankenstand befand und niemand für ihn eingesprungen war?

Der Zweck dieser Übung besteht nicht darin, Schuld zuzuweisen, sondern einen Blick darauf zu werfen, was a) jetzt getan werden kann, um das Problem zu lösen, und b) was man beim nächsten Mal besser machen könnte (die Lehre, die man daraus zieht).

Natürlich ist ein Termin an sich nicht das Wichtigste. Wichtiger sind die Konsequenzen, mit denen man rechnen muss, wenn er nicht eingehalten wird. Wurde ein anderes Projekt vorgezogen, das eine höhere Priorität besaß? Wie wichtig ist dieser Kunde für die angestrebten Quartalsergebnisse? Falls er der einzige Garant für die Realisierung des Ziels ist, sollte das Problem unverzüglich in Angriff genommen werden. Handelt es sich um einen Fall, der in die Kategorie »best practice« fällt – also optimale Methoden, Praktiken oder Vorgehensweisen im Unternehmen – und andere Kunden wichtiger sind, da sie für die Quartalsergebnisse noch größere Bedeutung haben, stellt sich die Frage, ob die Prioritäten richtig gesetzt, aber die Erwartungen falsch waren.

Gary hätte darüber hinaus feststellen können, dass sein Chef unter enormem Druck stand, denn sollte der Deal platzen, drohte die betriebsbedingte Freisetzung von Mitarbeitern. Er hätte beschließen können, daraus zu lernen, dass Zeitmanagement das A und O im Leben ist und dass ein Nein keine persönliche Zurückweisung beinhalten muss, sondern oft den Umständen, der Art, wie eine Bitte geäußert wird, oder der Wahl des Zeitpunkts geschuldet ist.

Dieser Ansatz ermöglichte Gary, konstruktiv, strategisch und pragmatisch mit der Situation umzugehen. Seine Energie verwandelte sich, als er den Rückschlag nicht länger als Misserfolg, sondern als Chance betrachtete – um aus seinen Erfahrungen zu lernen.

SARAHS GESCHICHTE

Sarah arbeitete als Projektmanagerin in einem Bauunternehmen. Ihre Tätigkeit bestand in der Verteilung von Ressourcen, Aufgaben und Verantwortlichkeiten; sie hatte dafür zu sorgen, dass die Projekte termingerecht fertiggestellt wurden und sich die Kosten im Rahmen des Budgets bewegten.

Ihre Aufgabenstellung wurde zunehmend von der Technologie abhängig. Es gab weniger Mitarbeiterbesprechungen und mehr E-Mails; die Projektmanagement-Software sorgte dafür, dass sie über alle anstehenden Arbeiten informiert war. Dennoch musste sie viele Projekte, Aufgaben und Arbeitskräfte im Auge behalten. Das war für sie völlig in Ordnung, weil sie multitaskingfähig war.

Bei einem der Projekte handelte es sich um einen Neubau, der zu einem Bürokomplex gehörte. Sie dachte, alles liefe nach Plan, bis der Kunde anrief und sich erkundigte, wo die Armaturen für die Waschräume blieben – die Installateure standen bereit, konnten aber ohne die Lieferung nicht mit der Arbeit beginnen. Völlig überrumpelt versprach sie, den Kunden zurückzurufen, sobald sie herausgefunden hatte, was passiert war. Es stellte sich heraus, dass jemand, den sie per E-Mail angewiesen hatte, das Material zu bestellen, ihre Nachricht nicht erhalten hatte und der Auftrag an den Hersteller somit nicht erteilt worden war.

Negative Lehren

Sarah wechselte unverzüglich in den Opfermodus über und lernte aus der Erfahrung, dass auf die Technologie kein Verlass ist und Arbeitsabläufe sich mithilfe von Mitarbeiterbesprechungen und direkter Kommunikation leichter handhaben lassen. Sie reagierte frustriert und verärgert – beides blockiert den Energiefluss.

Positive Lehren

Hätte sich Sarah in einer anderen Gemütsverfassung befunden, wäre sie vielleicht zu der Schlussfolgerung gelangt, dass es sich immer auszahlt, bei E-Mails nachzufassen und eine Aufgabe erst dann als erledigt abzuhaken, wenn dafür eine Bestätigung vorliegt. Auf diese Weise hätte sie festgestellt, dass etwas fehlgelaufen ist, und sie hätte das Problem lösen können, bevor drei Bauhandwerker auf eine Lieferung warteten, die nicht eintreffen würde. Dieser Ansatz hätte dazu beigetragen, ihre Fähigkeiten als Projektleiterin zu vervollkommnen und nichts dem Zufall zu überlassen. Da trotz größter Anstrengungen immer etwas schiefgehen kann, würden kompetente Projektleiter niemals darauf vertrauen, dass eine Aufgabe erledigt wird, ohne zu überprüfen, ob wirklich alles in Ordnung ist.

Lernprozesse sind Energiespender, und Erkenntnisse sind ebenfalls Energiespender. Schuldgefühle und Schuldzuweisungen tragen nur dazu bei, Ihre Energieressourcen abzubauen, da Sie Ihre begrenzten Reserven damit vergeuden, sich Rückendeckung zu verschaffen oder sich schlecht zu fühlen. Herausforderungen sind eine Wachstumsquelle. Ich bin der Meinung, dass nicht die Macht des Schicksals, sondern die Macht, das Schicksal zu lenken, für unser Leben richtungsweisend ist. Damit befreien wir uns aus dem Opfermodus und halten gespannt nach dem Silberstreifen Ausschau, der jede Wolke begleitet.

Manchmal reicht es bereits aus, mehr Sinn für Humor zu entwickeln, um harte Zeiten durchzustehen.

Welche Lehren Sie auch aus einer gegebenen Situation ziehen, achten Sie darauf, dass sie selbstermächtigend wirkt, damit Sie die beste Version Ihres Selbst entwickeln können.

Das folgende Gedicht veranschaulicht wunderbar die Bedeutung der schrittweisen persönlichen Entwicklung.

Autobiografie in fünf kurzen Kapiteln

I

Ich gehe eine Straße entlang.
Im Bürgersteig befindet sich ein tiefes Loch.
Ich falle hinein.
Ich bin verloren … ich bin verzweifelt.
Es ist nicht meine Schuld.
Es dauert eine Ewigkeit,
bis ich mich aus der Falle befreit habe.

II

Ich gehe eine Straße entlang.
Im Bürgersteig befindet sich ein tiefes Loch.
Ich tue so, als würde ich es nicht sehen.
Ich falle abermals hinein.
Ich kann nicht glauben,
dass ich in die gleiche Falle getappt bin.
Aber es ist nicht meine Schuld.

Es dauert noch lange,
bis ich mich befreit habe.

III
Ich gehe dieselbe Straße entlang.
Im Bürgersteig befindet sich ein tiefes Loch.
Ich nehme es wahr.
Ich falle trotzdem hinein …
es ist zur Gewohnheit geworden.
Ich halte die Augen offen.
Ich weiß, wo ich bin.
Es ist meine Schuld.
Ich befreie mich auf Anhieb.

IV
Ich gehe dieselbe Straße entlang.
Im Bürgersteig befindet sich ein tiefes Loch.
Ich gehe um die Falle herum.

V
Ich gehe eine andere Straße entlang.

Portia Nelson

Es stärkt ungemein, wenn wir erkennen, in welcher Hinsicht
wir selber zu einem Problem beigetragen haben, und etwas Positives aus der Erfahrung lernen. Wir haben immer die Wahl.
Wir können ein Leben als schuldlose Opfer oder als selbstver-
antwortliche Schöpfer unserer Biografie führen, auf kontinuierliche Entwicklung und persönliches Wachstum bedacht. Das ist

der Unterschied zwischen einer problemzentrierten und einer lösungszentrierten Lebensweise, zwischen Stillstand und Fortschritt.

ZEIT ZUM NACHDENKEN

1 Welche negativen Lehren haben Sie aus negativen Erfahrungen gezogen?

2 Welche positiven Lehren hätten Sie stattdessen daraus ziehen können?

3 Wie wirkt sich dieser positive Lerneffekt auf Ihre Motivation und Energie aus?

4 Welche Ihrer Annahmen könnte man auch anders interpretieren?

5 Überlegen Sie sich zu jeder dieser Mutmaßungen drei alternative Deutungsmöglichkeiten und schätzen Sie deren Wahrscheinlichkeit ein.

4.
ENERGIESPENDER UND ENERGIEDIEBE

~

FREUNDE UND FEINDE DER ENERGIE VERSTEHEN UND LENKEN

Als Energiespender und Energiediebe werden Aktivitäten oder Personen bezeichnet, die unsere Energie entweder mehren oder mindern. Da wir alle verschieden sind, haben wir auch unterschiedliche Energiespender und Energiediebe: Was der eine als belebend empfindet, kann den anderen erschöpfen. Das gilt in besonderem Maß für extrovertierte und introvertierte Persönlichkeiten. Ein extrovertierter Mensch leitet seine Energie aus der Gesellschaft anderer her. Ist er zu lange alleine, fühlt er sich bedrückt und mit großer Wahrscheinlichkeit kraft- und antriebslos. Ein introvertierter Mensch braucht dagegen Zeit für sich alleine, um seine Batterien wieder aufzuladen. Zu viele Leute und zu viel Lärm überfordern ihn, und er hat das Bedürfnis, sich zurückzuziehen, um sein inneres Gleichgewicht wiederherzustellen.

Aber Energiespender und Energiediebe sind nicht auf Kategorien wie extrovertierte und introvertierte Menschen beschränkt. Sie können wesentlich subjektiver sein. Ich tanke beispielsweise Energie, wenn ich mit meinem Hund in der Natur spazieren gehe. Wenn ich nach einer anstrengenden Tätigkeit erschöpft bin, keinen klaren Gedanken mehr fassen kann oder einfach einen Tapetenwechsel brauche, übt ein Spaziergang mit ihm fast immer eine positive Wirkung auf mich aus. Beim Spiel mit ihm kann ich meine Energie ebenfalls aufladen. Der Hund ist für mich ein bewährtes Mittel gegen Stress, und es dauert nur wenige Minuten, bis ich mich wieder erfrischt und entspannt fühle.

Ein weiterer Energiespender ist ein Besuch im Café mit einem Buch, in dem ich eine Weile ungestört lese. Das hat auf mich eine Wirkung, als würde ich die »Pausentaste« drücken und mir eine Auszeit vom Tag gönnen. Viel Energie liefert mir auch die Genugtuung, ein Projekt zu beenden oder auf meiner To-do-Liste abzuhaken. Das Wissen, etwas geleistet und erledigt zu haben, fördert die Selbstermächtigung, stärkt die Energie und füllt die körpereigenen Ressourcen wieder auf. Der Aufwand steht oft in keinem Verhältnis zum Ergebnis! Aber ich genieße den Erfolg trotzdem!

Ein Energiedieb – der mich buchstäblich auslaugt – ist für mich ein Anruf in einem Callcenter. So notwendig solche Anrufe auch sein mögen, ich finde sie total frustrierend. Vielleicht liegt es daran, dass ich früher einmal Personal für einen globalen Marktführer in dieser Sparte rekrutiert habe. Der Grund meines Anrufs bei einer Hotline spielt keine Rolle. Es ist der Ablauf, der mich schier um den Verstand bringt. Zuerst erhält man endlos lange Anweisungen für die Wahl der richtigen Nummer, und dann wird man auch noch mit aufdringlicher Werbung beschallt, während man in der Warteschleife hängt.

Letztendlich ist man ja gezwungen, zuzuhören – ein Opfer, das nicht entwischen kann. Und zu allem Überfluss hat die Person am anderen Ende der Leitung nach meinem Empfinden oftmals nicht das geringste Interesse daran, mir bei der Lösung des Problems zu helfen. Allein der Gedanke, mich mit einem Callcenter in Verbindung setzen zu müssen, raubt mir den letzten Nerv, aber es lässt sich nicht immer vermeiden; deshalb greife ich zu meiner Geheimwaffe, dem »Energie-Sandwich«. Es handelt sich dabei weniger um eine Waffe als vielmehr um eine Strategie, und wenn ich sie vergesse, muss ich teuer dafür bezahlen. Aber wenn ich mich rechtzeitig daran erinnere und sie einsetze, kann ich erhebliche Vorteile verbuchen.

• • • •

ICH TANKE BEISPIELSWEISE ENERGIE, WENN ICH MIT MEINEM HUND IN DER NATUR SPAZIEREN GEHE. WENN ICH NACH EINER ANSTRENGENDEN TÄTIGKEIT ERSCHÖPFT BIN, KEINEN KLAREN GEDANKEN MEHR FASSEN KANN ODER EINFACH EINEN TAPETENWECHSEL BRAUCHE, ÜBT EIN SPAZIERGANG MIT IHM FAST IMMER EINE POSITIVE WIRKUNG AUF MICH AUS. BEIM SPIEL MIT IHM KANN ICH MEINE ENERGIE EBENFALLS AUFLADEN. DER HUND IST FÜR MICH EIN BEWÄHRTES MITTEL GEGEN STRESS, UND ES DAUERT NUR WENIGE MINUTEN, BIS ICH MICH WIEDER ERFRISCHT UND ENTSPANNT FÜHLE.

• • • •

Das Energie-Sandwich

Der Schlüssel zum richtigen Umgang mit Energiespendern und Energiedieben besteht darin, die energieraubenden Aufgaben nach Möglichkeit zu verringern oder zu delegieren. Ich wende mich nur dann an ein Callcenter, wenn ich Unterstützung bei einem Problem benötige, mit dem ich schon seit geraumer Zeit erfolglos kämpfe. Das bedeutet, dass meine positive Energie bereits geschwächt ist, entweder bis zu einem gewissen Grad oder vollständig. Um sie nicht weiter zu belasten oder negative Gespräche heraufzubeschwören (was mehr als einmal der Fall war und zur Folge hatte, dass die Dame am anderen Ende der Leitung wortlos auflegte), lenke ich meinen Zustand mit einem Energie-Sandwich, das mir hilft, die negative Erfahrung proaktiver zu verarbeiten. Das Sandwich hat nichts mit Essen zu tun, sondern mit der Fähigkeit, die Energie so zu steuern, dass der Energiedieb auf beiden Seiten von einem Energiespender flankiert wird, um die negativen Auswirkungen zu beseitigen oder zu reduzieren.

Mein bestes Energie-Sandwich für das Callcenter-Szenario ist eine Runde EFT (Emotional Freedom Technique, »Technik der emotionalen Freiheit«), bevor ich den Anruf tätige; diese Klopftechnik ist leicht zu erlernen und anzuwenden (die Anleitung finden Sie im Anhang I). Die EFT bringt die Energie in Fluss und versetzt mich in einen gelassenen, proaktiven Zustand, sodass ich mich, gleich, was am anderen Ende der Leitung auch passieren mag, weniger gestresst fühle und die Situation besser zu steuern vermag. Nach dem Anruf nehme ich mir, wenn ich von zu Hause aus arbeite, ein paar Minuten Zeit, um mit meinem Hund zu spielen. Dadurch fülle ich mein Energiereservoir wieder auf, fühle mich leicht und froh, sodass auch noch die letzten negativen Gefühle und Gedanken, die der Anruf hinterlassen hat, neutralisiert werden. Außerdem schaffe ich damit eine gute Basis, um den Tag fortzusetzen. Diese Aktivitäten vor und nach meinem sogenannten »Callcenter-Abenteuer« bewirken, dass ich den Rest des Tages genießen kann.

Ein anschauliches Beispiel ist eine meiner Klientinnen. Claire ist Führungskraft in einem Logistikunternehmen. Sie liebt die Arbeit mit ihrem Team, die Entwicklung von Strategien und die Besprechungen mit Kunden. Was ihr überhaupt nicht liegt, sind die Berichte, die sie einmal im Monat für die Meetings auf Führungsebene erstellen muss. Sie erfordern ein hohes Maß an Detailarbeit, die ihr nicht liegt, obwohl sie diese bestens bewältigt, wenn sie sich darauf konzentriert. Sie hat dabei jedoch das Gefühl, als würde sie in einer Zwangsjacke und in Zementstiefeln durch Sirup waten. Doch die Aufgabe lässt sich weder umgehen noch delegieren, also bleibt sie an ihr hängen, ob es ihr gefällt oder nicht. Deshalb benutzt sie ein auf sie abgestimmtes Energie-Sandwich. Vorab tankt sie Energie in einer halbstündigen Besprechung mit ihrem Team, in der es um Projekte geht, die gut laufen. Die positive Energie ihrer Mitarbeiter und die erzielten Fortschritte erfüllen sie mit Tatendrang und innerer Zufriedenheit, und genau das braucht sie, um den Bericht zu schreiben (die Füllung im Sandwich). Dann geht sie zum dritten Teil über (die zweite Brotschicht): eine positive Aktivität, die das Energiereservoir wieder auffüllt. Für sie sind das ein Kaffee und eine entspannte Unterhaltung mit Kollegen, bei der man sich gegenseitig auf den neuesten Stand bringt.

Energiespender

Was bei dem einen funktioniert, muss sich nicht zwangsläufig bei jedem bewähren; vielleicht möchten Sie noch andere Aktivitäten ausprobieren, je nachdem, wo Sie sich befinden, was Sie gerade tun und welche Möglichkeiten Ihnen zur Verfügung stehen. Was könnten Sie auf Ihre persönliche Energiespenderliste setzen? Hier finden Sie einige Vorschläge:

> EFT (siehe Anhang I)
> ein Gespräch mit Freunden
> eine Aufgabe erledigen
> kreative Aktivitäten
> sich mit jemandem unterhalten, der Sie zum Lachen bringt
> ein Spaziergang in der Natur
> eine Kaffeepause einlegen
> bügeln (bin ich die Einzige?)
> ein schönes Geschenk für jemanden suchen
> mit dem Hund / der Katze / dem Goldfisch spielen
> puzzeln
> sich selbst einen Blumenstrauß kaufen
> beruhigende oder energiespendende Musik hören, je nach Bedarf
> Achtsamkeitsübungen (mehr darüber im 7. Kapitel)
> sich mit einem köstlichen Mittagessen verwöhnen

Die Energiespender sind bei jedem Menschen so unterschiedlich, dass nur Sie entscheiden können, was bei Ihnen funktioniert. Wenn Sie eine Liste erstellen, können Sie bei Bedarf jederzeit darauf zurückgreifen. Auf diese Weise brauchen Sie sich nicht mehr den Kopf zu zerbrechen, wenn Sie bereits erschöpft sind – Sie wissen ja, das Gehirn ist außerstande, Höchstleistungen zu erbringen, wenn es müde ist.

Ist Ihr Job ein Energiedieb?

Es ist wichtig, sich klarzumachen, dass Ihre berufliche Tätigkeit Ihnen nur dann zugutekommt, wenn sie sich an Ihren Stärken ausrichtet. Ich erstelle oft ein psychometrisches Profil von meinen Klienten, um ihnen zu helfen, individuelle Stärken und Werte besser zu erkennen; ein Persönlichkeitstest (»Talent Dynamics«) unterscheidet beispielsweise zwischen vier grundlegenden Persönlichkeitstypen. Natürlich sind wir Menschen vielschichtiger, aber diese Kategorien stellen einen guten Ausgangspunkt dar. Wenn Sie auf Ihren Stärken aufbauen, sind Sie produktiver und energievoller.

Nachfolgend sind die vier grundlegenden Persönlichkeitstypen dargestellt:

Typus	Merkmale
dynamisch	kreativ, wettbewerbsorientiert, zielstrebig
	liebt Aufgaben, bei denen er seinen Beitrag als wichtig empfindet und die Freiheit hat, Entscheidungen zu treffen
	ist gut darin, Aktivitäten in die Wege zu leiten; versteht es weniger gut, sie auch zu beenden
leidenschaftlich	sehr gesellig und redselig; baut starke Beziehungen auf
	genießt die Vielfalt, wirkt aber bisweilen desorganisiert
	lässt sich leicht ablenken
lebhaft	guter Teamarbeiter
	ein Macher, der jedoch dazu neigt, sich Zeit zu nehmen
	liebt klare Vorgaben
stählern	analytisch und penibel
	zieht ein vorhersehbares Umfeld mit festgefügten Systemen vor
	gut, wenn es um Detailarbeit geht, wenig Eigeninitiative

Darüber hinaus gibt es noch neun Unterkategorien. Die neun Teamrollen nach Meredith Belbin sind ein weiteres nützliches Werkzeug, um die eigenen Stärken zu ermitteln. Wenn Sie ein Mensch sind, der klare Vorgaben und Gewissheit liebt, aber in einem kreativen Umfeld arbeitet, in dem man von Ihnen erwartet, dass Sie Ihren eigenen Weg abstecken, und wo die Zielsetzungen sich regelmäßig ändern, sind Sie am Ende des Tages vermutlich abgekämpft.

So erging es auch Sam, einem sehr kontaktfreudigen BWL-Studenten. Sam machte einen exzellenten Abschluss und begann seine berufliche Laufbahn als Trainee in einer Steuerberatungsgesellschaft. Nach drei Monaten wusste er, dass er eine Fehlentscheidung getroffen hatte. In der Kanzlei ging es sehr ruhig zu, seine Teamkollegen waren weder zu Scherzen aufgelegt noch daran interessiert zu erzählen, wie sie das Wochenende verbracht hatten, und die unerbittliche Arbeit mit Zahlen war monoton und langweilig. Als einziger Lichtblick erwies sich die Assistentin seines Chefs, mit der er an der Kaffeemaschine plauderte, bevor er wieder an seinen Schreibtisch zurückkehrte. Sam gehört zum leidenschaftlichen Persönlichkeitstypus, der die Arbeit eines stählernen Typus verrichtet. Er wird sich in seinem Job niemals wohlfühlen, dafür ist er viel zu kontaktfreudig und zu leicht abzulenken.

Eine berufliche Tätigkeit zu verrichten, die nicht dem eigenen Persönlichkeitstypus entspricht, ist erschöpfend. Eine berufliche Tätigkeit zu verrichten, die auf den eigenen Stärken aufbaut, fördert den mentalen Flow – das restlose Vertiefen und Aufgehen in einer Aufgabe – und die Energie. Damit erhöht sich die Wahrscheinlichkeit, sowohl erfolgreich als auch glücklich und zufrieden zu sein.

ZEIT ZUM NACHDENKEN

1 Was verleiht Ihnen Energie?

2 Wie können Sie sich mehr Energiespender verschaffen?

3 Was raubt Ihnen Energie?

4 Wie können Sie diese Energiediebe reduzieren oder beseitigen?

5 Wie könnte Ihr »Energie-Sandwich« aussehen?

6 Baut Ihre berufliche Tätigkeit auf Ihren Stärken auf? Und wenn nicht, wie müsste der Job beschaffen sein, bei dem Sie Ihr Potenzial bestmöglich nutzen könnten?

5.
ZIELE UND PRIORITÄTEN

WARUM DIE FOKUSSIERUNG AUF EINE NACHHALTIGE ENERGIE SO WICHTIG IST

Ich bin kein großer Fußballfan, aber wie die meisten von uns verstehe ich, dass dabei zwei Mannschaften mit jeweils elf Spielern versuchen, den Ball ins Tor des Gegners zu befördern und zu verhindern, dass er ins eigene Tor gelangt. Ohne den Ball mit der Hand zu berühren, es sei denn … aber das zu erklären würde zu weit führen. Wichtig ist, den Ball nach bestimmten Regeln in das richtige Netz zu schießen. Und die Mannschaft mit den meisten Toren gewinnt!

Aber welchen Bezug hat das nun zu Ihrem Leben? Fußballprofis verbringen unendlich viel Zeit damit, die Abläufe einzuüben, tagein, tagaus. Sie haben einen Manager, einen Trainer und Physiotherapeuten, die sie betreuen, und sie trainieren, was das Leder hält. Sie diskutieren über Strategien. Sie studieren ihre Gegner und überlegen vorab, wie sie sich erfolgreich gegen sie behaupten. Sie haben den Blick fortwährend auf den Ball gerichtet, in jeder wachen Minute. Aber Scherz beiseite. Spitzenspieler, die in der ersten Liga mitmischen, können Traumge-hälter verdienen. Weil sie ohne Unterlass trainieren, also üben, üben und nochmals üben.

Dass Übung den Meister macht, gilt für alle Lebensbereiche. Wenn Sie genau wissen, was Sie erreichen wollen, sich voll auf Ihr Ziel konzentrieren, die Hindernisse wahrnehmen, die Ihnen den Weg versperren, und eine Strategie entwickeln, um diese zu beseitigen, wird Ihr Ziel realisierbar; es bleibt kein Wunsch oder Traum, der Ihnen nur vor Augen hält, wie weit Sie noch zu gehen haben. Wenn Sie ein klares Ziel vor Augen haben, trägt die Fokussierung dazu bei, Ihre Energie zu bündeln, in die rich-tige Richtung zu lenken und den größeren Zusammenhang zu erkennen, unbelastet vom Wirrwarr des Lebens, den endlosen Aufgaben und Anforderungen, die Zeit kosten. Das ist so, als würde sich der Nebel lichten; plötzlich nehmen die Dinge Kon-turen an. Wenn das Ziel mit Ihren Werten und Ihrem Lebens-zweck übereinstimmt, kann es Ihnen helfen, Stress zu überwin-den; es befeuert die Motivation und Tatkraft. Sich Ziele zu set-zen bedeutet nicht, dass kein Raum für unverhoffte Prioritäten bleibt; es bringt vielmehr Klarheit in Ihre Prioritäten.

• • • •

WENN SIE EIN KLARES ZIEL VOR AUGEN HABEN, TRÄGT DIE FOKUSSIERUNG DAZU BEI, IHRE ENERGIE ZU BÜNDELN UND IN DIE RICHTIGE RICHTUNG ZU LENKEN.

• • • •

Ich werde oft gefragt, wie ich meine vielfältigen Aufgaben be-wältige und meine Motivation aufrechterhalte. Dafür nutze ich zwei schlagkräftige Waffen, die ich Ihnen hier vorstellen möchte. Ich gebe sie auch meinen Klienten an die Hand, die dann schon nach kürzester Zeit feststellen, dass ihre Ergebnisse sprunghaft in die Höhe schnellen und ihre Energie ähnlich beeindruckend ansteigt wie bei mir.

Hier sind die beiden wichtigen Zielarten: Zeitmanagement-Ziele und Lebensziele.

Zeitmanagement-Ziele

Uns allen steht genau die gleiche Zeit zur Verfügung – 168 Stunden in der Woche –, aber einige Menschen erreichen in diesem Zeitraum weit mehr als andere. Im Zuge meiner zahlreichen Beratungen in diesem Bereich konnte ich grundlegende Unterschiede feststellen zwischen den Menschen, die viel erreichen, und denen, die nur wenig erreichen.

Unlängst unterhielt ich mich mit Freunden über das Konzept des persönlichen Engagements. Einer von ihnen meinte, es sei ihm unerklärlich, warum er sich als Referent noch keinen Namen gemacht habe. Das sei sein Lebenstraum, der aber bisher unerfüllt geblieben sei. Ich weiß, dass er vielen persönlichen Verpflichtungen nachkommt, die Zeit kosten, und zeitraubende Hobbys hat – an zwei halben Tagen in der Woche spielt er beispielsweise Golf, mit anschließendem geselligem Beisammensein. Darüber hinaus war er gerade dabei, das Haus seines Sohnes zu renovieren, der sich keine Handwerker leisten konnte und zwei linke Hände hatte. Er schraubte außerdem gerne an seinem Motorrad herum, was pro Woche mindestens einen halben Tag in Anspruch nahm, um dann weite Touren damit zu unternehmen. Und nicht zu vergessen sein Job, mit dem er sei-

nen Lebensunterhalt verdiente. Auf meine Frage, wie zielstre-
big er seinen Traum verfolgte, reagierte er verärgert und erklärte, er sei diesbezüglich *sehr* engagiert. Als ich nachhakte, wie
sich dieses Engagement konkret äußerte, wurde ihm bewusst,
dass es sich lediglich auf das *Bedürfnis* beschränkte, sein Ziel zu
erreichen. Er zweigte pro Woche ungefähr eine Viertelstunde
Arbeit dafür ab – erheblich weniger als für Golf, die Renovie-
rungsarbeiten oder das Warten und Fahren seines Motorrads.

Sich wirklich für etwas zu engagieren bedeutet, keine Anstrengung zu scheuen, um den Wunsch in die Tat umzusetzen.
Es bedeutet, ein Ziel unbeirrt zu verfolgen, auch dann noch,
wenn die anfängliche Motivation zu verblassen beginnt. Für ihn
war diese Erkenntnis ein Aha-Erlebnis. Er musste nun entscheiden, ob er das Ziel, das ihm vorschwebte, wirklich erreichen wollte, und was er zu tun gewillt war, um es zu realisieren.
Ein Ziel zu erreichen erfordert Einsatzbereitschaft, die Fähigkeit, Prioritäten zu setzen, und Durchhaltevermögen.

Die Drei-Aufgaben-Technik

Unter den zahlreichen Zeitmanagement-Methoden gibt es eine
einfache Technik, die einen entscheidenden Unterschied in Ihrer Produktivität bewirkt.

Beschließen Sie jeden Morgen, an diesem Tag drei – und nur
drei – Dinge zu erledigen. Es können kleine Aufgaben sein oder
Teilbereiche einer wesentlich umfangreicheren Arbeit. Vergewissern Sie sich, dass es keine Mammutprojekte sind, die Sie
bereits im Vorfeld abschrecken und dazu führen, dass Sie sie vor
sich herschieben. Während der Arbeit an diesem Buch hätte ich
mir beispielsweise zum Ziel setzen können, jeden Tag die Rohfassung eines Kapitels zu schreiben oder mich mit den Recher-
chen zu einem bestimmten Thema zu befassen. Dies sind Bei-

spiele für Unterziele des übergeordneten Ziels – das Buch fertigzustellen –, die im Kontext meines Arbeitstages erreichbar gewesen wären. Sie haben vermutlich bemerkt, dass »Rohfassung« bedeutet, dass der Text nicht perfekt sein muss und der Feinschliff später erfolgen kann. Doch auch diese Aufgabe nimmt einen beträchtlichen Teil des Tages in Anspruch.

Ein Ziel könnte auch darin bestehen, Rechnungen zu bezahlen, was vermutlich 5–10 Minuten dauert. Ein weiteres Ziel wäre, den Geschirrschrank aufzuräumen, in dem Unordnung herrscht. Damit sind Sie schätzungsweise 20 Minuten beschäftigt.

Der erwähnte Golfspieler aus meinem Freundeskreis achtete fortan darauf, dass ihn mindestens eine seiner täglich anfallenden Aufgaben seinem Lebenstraum näher brachte.

Oft konzentrieren wir uns auf Arbeiten, die weder dringend noch wichtig sind, wodurch unsere Energie zerstreut wird. Fehlende Prioritäten und Verzögerungstaktiken gehören zu den beiden größten Feinden eines effektiven Zeitmanagements.

Die Drei-Aufgaben-Technik ermöglicht Ihnen, zeitnah zu entscheiden, was wichtig und was unwichtig ist; sie stärkt das Leistungsbewusstsein, wenn das anvisierte Ziel erreicht wurde. Ziele müssen realisierbar sein, sonst motivieren sie uns nicht. Außerdem sollten sie eine positive Spannung erzeugen, ein Gefühl der Befriedigung hervorrufen und die Energie und Tatkraft vermitteln, die Sie darin bestärken, den eingeschlagenen Kurs weiterzuverfolgen.

Diese kleine To-do-Liste abzuarbeiten bedeutet nicht, dass Sie keine Zeit mehr für andere Dinge haben. Natürlich müssen Sie Anrufe entgegennehmen und im Verlauf des Tages noch anderen Aktivitäten nachgehen, doch die drei Aufgaben, die Sie sich morgens vorgenommen haben, sollten absolute Priorität erhalten und als Antriebskraft dienen. Es kann durchaus sein, dass Sie dabei noch jede Menge Zeit für andere Projekte haben – in diesem Fall, nur zu! Oder nehmen Sie sich eine Auszeit als Belohnung, in der Sie mit einer Freundin Kaffee trinken.

Diese Technik gestattet Ihnen, Ihre Energie auf die anstehenden Aufgaben zu fokussieren, ohne ein Gefühl der Überforderung zu entwickeln, das sich als Energievampir erweisen kann. Außerdem fördert sie das klare Denken.

Bei der Entscheidung, welche Aufgaben Priorität haben, kann das Zeitmanagement-Raster des US-amerikanischen Bestsellerautors Stephen Covey eine große Hilfe sein; es dient dazu, die Spreu vom Weizen zu trennen und herauszufiltern, was wirklich wichtig ist.

	dringend	nicht dringend
wichtig	1. Quadrant Krisen Termine	2. Quadrant Planung zielführende Aktivitäten Vorbereitung Prävention Aufbau / Erhalt von Beziehungen
nicht wichtig	3. Quadrant Störungen wie Telefonate, E-Mails und Textnachrichten einige Besprechungen	4. Quadrant die meisten Fernsehsendungen Papierkorbpost Spams (unerwünschte elektronische Nachrichten) Klatsch und Tratsch

> **1. Quadrant:** Diesen entscheidenden Aufgaben kommt eine strategische Bedeutung zu, weil sie die angestrebten Ergeb-

nisse verhindern und den guten Ruf schädigen können, wenn sie ignoriert werden.

> **2. Quadrant:** Obwohl nicht dringend, sind diese Aufgaben wichtig, denn sie haben prägenden Einfluss auf die Zukunftsgestaltung. Das Problem ist, dass sie leicht aufgeschoben werden, weil wir unsere Aufmerksamkeit den »großen Blendern« zuwenden – den weder dringenden noch wichtigen Aktivitäten, die uns Tag für Tag viel Zeit abverlangen.

> **3. Quadrant:** Das sind die »großen Blender«; sie geben uns das Gefühl, ausgelastet zu sein, doch in Wirklichkeit erzielen wir damit, falls überhaupt, nur wenige Ergebnisse.

> **4. Quadrant:** Mit diesen Aufgaben verschwenden viele Menschen ihre Energie. Sie sind weder dringend noch wichtig, sondern mentales Gerümpel, mit dem wir uns unnütz belasten.

Wenn Sie entscheiden, welche Aufgaben für Ihre angestrebten Ergebnisse von ausschlaggebender Bedeutung sind, können Sie Ihre drei wichtigsten Aufgaben leichter auf die Tagesordnung setzen und feststellen, wie sie sich auf Ihre Leistungsbilanz – und auf Ihre Energie – auswirken.

Lebensziele

Der zweiten Zielkategorie sind die Lebensziele zugeordnet. Hier geht es um den Lebenszweck oder die Lebensvision, die Sie ins Auge gefasst haben. Wenn Sie sich mit Ihrem Lebenszweck verbunden fühlen, befindet sich Ihre Energie in einem natürlichen Fluss, der Sie auch dann vorwärtsträgt, wenn das

Leben eine härtere Gangart einschlägt. Der Lebenszweck erinnert Sie daran, was im Leben wirklich wichtig ist, sodass Sie die kleinen Dinge nicht überbewerten und den großen Dingen die gebührende Wertschätzung entgegenbringen. Er füllt die innere Leere, wenn Sie ziellos sind oder die Orientierung verloren haben. Er verleiht Ihnen nicht nur das Gefühl, dass Ihr Leben einen Sinn hat, sondern stärkt darüber hinaus auch das Gefühl der Verbundenheit – mit sich selbst, mit anderen und mit der Welt schlechthin. Gleichwohl sind sich viele Menschen über den Zweck ihres Lebens nicht im Klaren oder sie führen ein Leben, das sich nicht an ihm ausrichtet.

Es gibt noch einen weiteren Grund, warum Lebensziele von so großer Bedeutung sind. Wir neigen dazu, zu viel Zeit mit der Suche nach Zerstreuungen zu verbringen. Was daran schlecht sein soll, möchten Sie wissen? An sich nichts, doch wenn Ihr Hauptaugenmerk auf dem Vergnügen liegt, entgehen Ihnen zwei wichtigere Quellen des Glücks. Die erste ist die Befriedigung, die sich einstellt, wenn es Ihnen gelungen ist, eine schwierige Aufgabe zu bewältigen, vor allem dann, wenn der Erfolg keineswegs sicher war – beispielsweise eine Prüfung.

Die zweite Quelle des Glücks ist das Gefühl der Erfüllung. Es macht sich bemerkbar, wenn Sie ein Leben führen, das sich an Ihrem Lebenszweck ausrichtet, und einen Beitrag leisten, der über das Eigenwohl hinausgeht. Viele von uns suchen das Glück, indem sie dem Vergnügen nachjagen, doch wahres Glück findet man nur im Streben nach den wirklich wichtigen Dingen im Leben. Die meisten Menschen wursteln sich durch, ohne eine genaue Vorstellung vom Sinn und Zweck ihres Lebens zu haben. Sie entscheiden sich für den bequemen Weg, für eine berufliche Laufbahn oder eine Tätigkeit, von der sie wissen, dass sie auf diesem Gebiet nicht scheitern können. Erst beim

Rückblick auf ihr Leben erkennen sie, dass sie zu viel Zeit mit Arbeit und zu wenig Zeit mit den Menschen verbracht haben, die ihnen nahestehen, um Dinge mit ihnen zu unternehmen, die ihnen Freude bereitet hätten. Das Ergebnis ist ein unerfülltes Leben am Ende eines schwachen Energiekontinuums. Das liegt daran, dass die Energiereserven schwinden, wenn man sein Leben an den Vorstellungen anderer ausrichtet, von einer Aufgabe zur nächsten schlingert und die Monotonie des Alltags durch kurzlebige Zerstreuungen zu durchbrechen versucht. Wenn Sie Ihren »Glückbringer« zurückholen wollen, stehen Ihnen verschiedene Möglichkeiten offen. Da niemand weiß, wie viel Zeit uns auf dieser Erde zugestanden ist, sollten wir das Beste daraus machen, indem wir uns Klarheit über unseren Lebenszweck verschaffen.

Die gute Nachricht ist, dass Ihr Lebenszweck nicht bombastisch sein muss. Sie müssen sich nicht vornehmen, die Welt zu retten. Aber Sie sollten dieser Vision einen hohen Stellenwert in Ihrem Leben beimessen. Sie sollte Ihnen am Ende das Gefühl geben, dass Ihr Leben irgendjemandem etwas bedeutet hat.

• • • •

DIE ENERGIERESERVEN SCHWINDEN, WENN MAN SEIN LEBEN AN DEN VORSTELLUNGEN ANDERER AUSRICHTET, VON EINER AUFGABE ZUR NÄCHSTEN SCHLINGERT UND DIE MONOTONIE DES ALLTAGS DURCH KURZLEBIGE ZERSTREUUNGEN ZU DURCHBRECHEN VERSUCHT.

• • • •

Nun möchte ich Ihnen einige Anregungen geben, wie Sie Ihren Lebenszweck finden können. Es sind aber nur Vorschläge, Sie müssen selbst herausfinden, was für Sie richtig ist. Und Sie sollten imstande sein, Misserfolge zu verkraften, denn bei allen wertvollen Zielsetzungen sind Fehler, Missbilligung oder manchmal sogar Sabotage durch andere nicht ausgeschlossen. Des Weiteren ist Ihr persönliches Engagement unerlässlich. Der Lohn der Mühen ist ein erfülltes Leben und ein Vermächtnis, auf das Sie stolz sein können.

> Ich möchte meine Kinder zu glücklichen, selbstbewussten und eigenständigen Menschen erziehen, die sich geliebt fühlen.

> Ich möchte einer bestimmten Person dabei helfen, ein gutes Selbstwertgefühl zu entwickeln.

> Ich möchte gute Fotos machen, die in meiner Familie / in meinem Bekannten- und Freundeskreis / in der Öffentlichkeit / weltweit Anerkennung finden.

> Ich möchte viele unvergessliche Erinnerungen für meine Familie schaffen.

> Ich möchte benachteiligten Menschen zu einer erfüllenden beruflichen Laufbahn verhelfen.

> Ich möchte dazu beitragen, dass sich ein Obdachloser wieder in die Gesellschaft eingliedern kann.

> Ich möchte eine Schule in der Äußeren Mongolei gründen.

> Ich möchte Spenden sammeln für … (Ihre bevorzugte karitative Einrichtung).

> Ich möchte zu den Menschen gehören, die spirituell erleuchtet werden (ein gewaltiges Unterfangen).

> Ich möchte ein Programm für gewaltbereite Jugendliche ins Leben rufen, damit sie lernen, empathische Beziehungen auf-

zubauen, und eine vielversprechende Zukunftsperspektive entwickeln.

> Ich möchte ein bekannter Maler werden, dessen Werke in der Tate Modern oder in einem anderen namhaften Museum für zeitgenössische Kunst ausgestellt werden.

> Ich möchte Menschen die Kunst der Vergebung beibringen, damit die Welt zu einem besseren Ort wird.

> Ich möchte beim Grand-Slam-Turnier in Wimbledon Tennis spielen.

> Ich möchte meinen Klienten helfen, ihr volles Potenzial zu entfalten.

Eine gute Möglichkeit, Ihren Geist zu fokussieren, ist die Überlegung, wie Sie Ihre Zeit verbringen würden, wenn Sie nur noch ein Jahr zu leben hätten. Dadurch erkennen Sie, was Ihnen wirklich wichtig ist; falls Sie feststellen, dass auf Ihrer Liste nur materielle Dinge vermerkt sind, sollten Sie sich noch einmal den Unterschied zwischen Zerstreuungen, Stolz auf die eigene Leistung und Erfüllung klarmachen.

Ein Bekannter, der einen schmerzlichen Verlust verkraften muss, gibt viel Geld für unnütze Dinge aus, in der Hoffnung, sich dann besser zu fühlen. Er verrichtet eine Tätigkeit, die ihm keinen Spaß macht. Er hat die Frau verloren, die er liebt. Und er glaubt, die innere Leere durch die Befriedigung materieller Wünsche und Bedürfnisse füllen zu können. Natürlich funktioniert das nicht – abgesehen von den sechzig Sekunden nach dem Kauf, oder ein wenig länger, wenn er Glück hat. Es ist nur eine kurzfristige Ablenkung. Trauer ist ein komplizierter Prozess, der Arbeit (und Zeit) erfordert. Wenn mein Bekannter bereit ist, sich wieder auf seinen Lebenszweck zu besinnen, wird er sich erheblich besser fühlen.

Da niemand weiß, wie viel Zeit uns auf dieser Erde zugestanden ist, sollten wir das Beste daraus machen, indem wir uns Klarheit über unseren Lebenszweck verschaffen.

Was möchten Sie, das die Menschen nach Ihrem Tod über Sie sagen? Dass es Ihnen gelungen ist, im neuesten Videospiel Level 150 zu erreichen, oder dass Sie 250 Paar Schuhe im Schrank haben? Oder dass Sie Ihr Bierglas schneller leeren konnten als alle anderen? Wenn Sie sich darauf konzentrieren, was die Menschen von Ihnen in Erinnerung behalten sollen, kristallisiert sich Ihr Lebenszweck vielleicht eher heraus. Sie sollten Ihre Werte schätzen – die Dinge, die Ihnen wirklich wichtig waren.

Was sind Ihre Werte?

Hier eine Auswahl an Werten als Anregung für Ihre eigene Liste:

Abenteuer	Anerkennung	Aufrichtigkeit
Bequemlichkeit	eigenständige Arbeit	etwas bewegen
Einfühlungsvermögen	Erfolg	Fairness
Familie	feste Abläufe	Flexibilität
Freiheit	Freude	Freundschaft
Friede	Geborgenheit	Geld
Gesundheit	Glück	Güte
Herausforderung	Humor	Integrität
Intimität	Karriere	Leidenschaft
Leistung	Lernen	Liebe
Macht	Ordnung	Pflichtbewusstsein
positive Grundeinstellung	Reisen	Respekt
Risikobereitschaft	Sicherheit	Spannung
Spaß haben	Spiritualität	Stabilität

Unabhängigkeit	Unterstützung	Verantwortungs-bewusstsein
Verlässlichkeit	Vertrauen	Vielfalt
Zugehörigkeit zu einem Team		

Einen klar umrissenen Lebenszweck zu haben aktiviert, stärkt die eigenen Bemühungen und schafft eine positive Energie, die Ihnen hilft, Bewährungsproben im Leben zu bestehen. Den Lebenszweck zu verfolgen bedeutet auch, seinen eigenen Wertvorstellungen Respekt zu zollen, und sorgt dafür, dass innere Widerstände möglichst weit abgebaut werden.

Vom Lebenzweck zum Lebensziel

In meinem Buch *21 Ways and 21 Days to the Life You Want* wird die Definition des Lebenszwecks am Beispiel von Sarah beschrieben, deren Lebensziel ein wenig vielschichtiger ist:

> *Ich möchte meine Sozialkompetenz in einem Arbeitsbereich nutzen, der es mir ermöglicht, etwas im Leben anderer zu bewegen. Ich möchte anderen mit gutem Beispiel vorangehen und ein ausgewogenes Berufs- und Privatleben schaffen, damit ich die Beziehung zu meinem Mann und meinen Freunden auf sinnvolle Weise pflegen und Freude in mein eigenes Leben und das Leben anderer Menschen bringen kann.*

Dieses Ziel dient Sarah bei allen Aktivitäten als Leitprinzip und ermöglicht ihr so, ein erfülltes Leben zu führen. Sie kann jederzeit eine Kursbestimmung vornehmen und sich fragen: »Befinde ich mich auf dem richtigen Weg? Sind Anpassungen erforderlich? Stimmen meine Aktivitäten mit meinen Werten überein?« Man kann sich aber auch ein einfacheres Ziel setzen, beispielsweise: »Ich möchte eine liebevolle Familie gründen, die in ihrem Leben auf viele glückliche Erinnerungen verweisen kann.« Das A und O des Lebensziels ist, dass es *Sie* und niemand anderen als Sie beflügeln sollte.

Ziele sollten positiv formuliert werden, also das zum Ausdruck bringen, was Sie anstreben, und nicht das, was Sie nicht möchten. Außerdem sollten sie Ihre Werte – das, was Ihnen wirklich wichtig ist – beinhalten oder respektieren. Für Sarah gehörten Lebensfreude, Verbundenheit mit den Menschen, die ihr nahestanden, und die Möglichkeit dazu, etwas im Leben anderer zu bewegen.

Wenn Sie über Ihre Arbeit nachdenken, sollten Sie überlegen, ob es sich dabei um einen Broterwerb, einen Beruf oder eine Berufung handelt. Einem Broterwerb geht man nach, um den eigenen Lebensunterhalt zu verdienen. Ein Beruf erfordert Engagement in einem bestimmten Fachbereich und bietet die Möglichkeit einer persönlichen Weiterentwicklung. Eine Berufung setzt absolute Hingabe und Leidenschaft voraus; wären Sie nicht auf das Geld angewiesen, würden Sie Ihre Aufgaben auch ohne Bezahlung verrichten, von morgens bis abends, Tag für Tag. Sie fühlen sich dazu berufen, Ihr Leben erhält dadurch Sinn und Zweck, ist erfüllt. Sie ist ein unverzichtbarer Teil Ihrer Identität. Und die gute Nachricht lautet, dass Sie damit vermutlich auch noch recht passabel Ihren Lebensunterhalt bestreiten können. Hinweise auf die wahre Berufung erhalten wir oft, wenn wir an Dinge zurückdenken, die uns als Kind Spaß gemacht haben. So war es bei mir der Fall – und vielleicht auch bei Ihnen?

Ihr Lebenszweck sollte nicht vom Verstand, sondern vom Herzen bestimmt werden. Dann wirkt er motivierend und verleiht Energie. Er bringt eine Seite in Ihrem Innern zum Klingen. Wenn Sie sich für ein Ziel entscheiden, das auf die Zustimmung anderer ausgerichtet ist, verbinden Sie sich nicht mit *Ihrem eigenen* Lebenszweck, sondern sind fremdbestimmt. Deshalb können nur Sie allein entscheiden, was richtig für Sie ist.

• • • •

NIEMAND VON UNS WIRD JE ETWAS HERAUSRAGENDES ODER EHRFURCHTGEBIETENDES ERREICHEN, ES SEI DENN, ER HÖRT AUF DAS FLÜSTERN, DAS NUR ER ALLEINE HÖREN KANN.

RALPH WALDO EMERSON

• • • •

ZEIT ZUM NACHDENKEN

1 Auf welche drei Ziele möchten Sie sich heute konzentrieren?

2 Ist Ihre Zeit damit bestmöglich genutzt?

3 Gibt es eine wichtigere Aufgabe, der Sie aus dem Weg gehen?

4 Was ist Ihr Lebenszweck?

5 Welche Wertvorstellungen haben Sie? (Erstellen Sie eine Liste.)

6 Befinden Sie sich auf dem richtigen Kurs?

7 Welche Anpassungen müssen Sie vornehmen?

6.
DIE MACHT DES INNEREN DIALOGS

❧

WIE SELBSTGESPRÄCHE DIE ENERGIE STÄRKEN ODER SCHWÄCHEN

Mit »innerer Dialog« sind die Selbstgespräche gemeint, die wir in Gedanken führen und die uns viel Energie rauben.

Wie das geschieht, zeigt ein Beispiel aus meiner Praxis: Eine meiner Klientinnen ging gerne ins Fitnessstudio, fand das Training aber bisweilen ziemlich schwierig. Ich entdeckte, dass die innere Stimme ihr in solchen Situationen einredete »Das ist total anstrengend«, sodass sie das Gefühl hatte, ihre Beine wären bleischwer und sie würde den Mount Everest mit einer kleinen Klettergruppe besteigen, die an ihrem Rücken angeseilt war. Nach einigen Experimenten mit ihrem inneren Dialog stellte sie fest, dass es ihr bei den Übungen besser erging, wenn sie sich sagte »Ich fühle mich leicht und fit«. Dadurch erhöhte sich ihre Energie, und sie hatte beinahe das Gefühl, auf einer Wolke zu laufen – viel einfacher und schonender für die Gelenke –, sodass ihr das Training mehr Spaß machte. Und das alles war nur einer Veränderung des inneren Dialogs geschuldet.

Interessant ist, dass sie sich nicht wirklich fit oder leicht fühlte, als sie begann, sich diese Worte vorzusagen. Doch durch die ständige Wiederholung wurde der Satz zu einer sich selbst erfüllenden Prophezeiung. Deshalb sollten Sie vorsichtig sein mit dem, was Sie sich suggerieren – Ihr Verstand hört immer zu. Daher ist es wichtig, nur solche Aussagen zu formulieren, die Ihr Verstand als Realität akzeptieren soll.

Zu den weitverbreiteten negativen Aussagen, die ich von meinen Klienten höre, gehören:

> Das ist zu schwierig.
> Das schaffe ich nicht.
> Davon habe ich keine Ahnung.
> Was ist, wenn es schiefgeht?

Am allerschlimmsten ist der Ausspruch: »Tut mir leid, so bin ich nun mal.« Warum er noch schlimmer ist als alle anderen? Die ersten vier Aussagen bewegen sich auf der Ebene der Fähigkeiten und Kompetenzen – die sich beide verbessern lassen. Die Aussage »So bin ich nun mal« ist dagegen auf der Ebene der Identität verortet, die sich auf den ersten Blick nur schwer verändern lässt, und außerdem sehr pessimistisch.

Ian McDermott und Joseph O'Connor beschreiben in ihrem Buch *NLP für die Management-Praxis* das Konzept der logischen Ebenen. Hierbei handelt es sich um eine Hierarchie des Wandels, aber ich betrachte es auch als Ebenen von Blockaden und sehe darin eine Hilfe, festzustellen, wo man blockiert ist. Zur Veranschaulichung ein Beispiel aus ihrem Buch:

Ebene	Bezeichnung	Beschreibung	Beispiel
1	Umgebung	das »Wo und Wann«	Das kann ich *hier* nicht tun.
2	Verhalten	das »Was«	*Das* kann ich hier nicht tun.
3	Fähigkeiten	das »Wie«	Das kann ich hier nicht *tun*.
4	Überzeugungen und Werte	das »Warum«	Das *kann* ich hier nicht tun.
5	Identität	das »Wer«	Das kann *ich* hier nicht tun.

Wie Sie sehen, sind in den Beispielen verschiedene Wörter kursiv gesetzt:

> Auf Ebene 1, »Umgebung«, ist es das Wort *hier*. Es geht nicht darum, dass jemand etwas grundsätzlich ablehnt, sondern an diesem Ort nicht das tun kann, was er tun soll.

> Auf Ebene 2, »Verhalten«, besteht das Problem in der Auffassung, dass jemand es nicht für angemessen hält, zu tun, was er tun soll. Er weigert sich, zu handeln.

> Auf Ebene 3, »Fähigkeiten«, ist die Blockade auf fehlende Kompetenz zurückzuführen.

> Auf Ebene 4, »Überzeugungen und Werte«, geht es darum, ob jemand das, was er tun soll, für richtig oder falsch hält, in Übereinstimmung mit seinen Moralvorstellungen und dem Wissen, was ihm wichtig ist.

> Auf Ebene 5, »Identität«, steht die Frage im Mittelpunkt, wie sich jemand als Mensch beschreiben würde.

Wenn auf der Identitätsebene eine Blockade vorliegt, lässt sich ein Wandel wesentlich schwerer herbeiführen, weil der Da-

seinskern des Menschen betroffen ist. Wenn Sie sich beispielsweise immer wieder einreden »Ich bin zu nichts zu gebrauchen«,
ist die Aussage wesentlich negativer, als wenn Sie sich sagen:
»Das ist nicht gerade meine Stärke« oder sogar »Auf dem Gebiet bin ich nicht zu gebrauchen«. Die beiden letztgenannten
Beispiele deuten an, dass eine Möglichkeit zur Verbesserung
besteht, während Sie im ersten Beispiel pauschal davon ausge-
hen, dass Sie absolut unfähig sind, sich weiterzuentwickeln und
neue Fähigkeiten zu erwerben, welcher Art auch immer.

In seinem Buch *Überflieger. Warum manche Menschen erfolgreich sind – und andere nicht* erklärt Wissenschaftsguru Malcolm Gladwell, dass Erfolg weniger vom Ausmaß der Begabung
abhängt, sondern vielmehr von dem Maß, in dem Talente zur
Anwendung kommen. Er behauptet, dass jeder auf irgendeinem
Gebiet zum Experten werden kann, wenn er die 10 000-Stun-
den-Regel beachtet; mit anderen Worten: Übung macht den
Meister. Ein überzeugendes Argument, finde ich, doch manchmal ist es wichtiger, sich nicht einzureden, dass man zwangsläufig scheitern muss, weil man »so ist, wie man ist«. John kam
zu mir, weil er ein Coaching brauchte. Er war ein hervorragen-
der Manager, aber es mangelte ihm an kreativem Denken – ein
wichtiger Aspekt in seiner Position, in der die Suche nach Pro-
blemlösungen unerlässlich ist. Er erklärte: »Ich bin kein krea-
tiver Mensch. Ich kann nur schwer neue Sichtweisen entwickeln, wenn ich mich mit einem Problem befasse, das liegt mir
einfach nicht.« Da er sich mit diesem Etikett selber blockierte,
forderte ich ihn auf, es im übertragenen Sinn zu entfernen und
das nächste Mal, wenn er sich einem Problem gegenübersah, so
zu tun, als ob der Wunsch, kreativ zu sein, bereits eingetroffen
wäre. Alleine diese Technik wirkte sich merklich auf seine Pro-
blemlösungsfähigkeiten aus. Natürlich musste er sein kreatives

Potenzial noch weiterentwickeln, aber es war nicht mehr blockiert. Fakt ist: Das Etikett, das Sie sich anhängen, kann positiv und gut oder negativ und schlecht für Sie sein.

• • • •

SEIEN SIE VORSICHTIG MIT DEM, WAS SIE SICH EINREDEN – IHR VERSTAND HÖRT IMMER ZU.

• • • •

Die Macht der Worte »und« und »noch«

Um auf das Fitness-Thema zurückzukommen: Während meiner Schulzeit war ich immer die Letzte, die im Sportunterricht in eine Mannschaft gewählt wurde, weil mich niemand für sportlich hielt. Ich selbst auch nicht. Ich war diejenige in meiner Familie, die körperlich am wenigsten in Form war und sich am wenigsten für sportliche Aktivitäten interessierte. Ich »definierte« mich als jemand, der weder Lust auf irgendeine Sportart hatte noch gut in irgendeiner Sportart war. Ich galt als lernbegierig, als Leseratte. Doch irgendwann beschloss ich, dieses Bild von mir zu verändern. Was hinderte mich daran, lernbegierig *und* körperlich fit zu sein? Was hinderte mich daran, Bücher zu lieben *und* Tennis zu spielen? Die beiden Aktivitäten schlossen sich ja nicht gegenseitig aus. Die eigene Identität ist keine Zwangsjacke, es sei denn, wir machen sie dazu. Ich kann inzwischen Tennis spielen. Ich bin kein Ass, aber ich habe auch noch nicht 10 000 Stunden trainiert.

Ein anderes wirkungsmächtiges Instrument ist das Wort »noch«. »Ich kann das *noch* nicht« deutet an, dass Sie es mit entsprechender Übung schaffen würden, eine neue Fertigkeit zu erwerben. Diese Aussage bestätigt, dass Lernen ein Prozess ist. Sie öffnet wesentlich mehr Türen, als wenn Sie sich auf negative Identitätsmerkmale beschränken.

Denkmuster

Dr. Davis Burns, ein namhafter Vertreter der kognitiven Verhaltenstherapie (KVT), ermittelte bestimmte Denkmuster, die einen Teil unserer inneren Dialoglandschaft bilden. Unsere Gedanken wirken sich auf unsere Gefühle aus, und unsere Gefühle beeinflussen unsere Energie. Bevor wir auf die Denkmuster eingehen, sollten wir uns vor Augen halten, wie wir mit den Abermillionen Informationsbruchstücken umgehen, die uns unsere Sinnesorgane übermitteln und denen wir ständig ausgesetzt sind. Die Verarbeitungskapazität unseres Gehirns ist beschränkt, es kann nur zwischen fünf und sieben Datenelemente gleichzeitig bewältigen. Und was geschieht mit den restlichen Daten? Um der Flut Herr zu werden, werden die Informationen gefiltert; dazu stehen dem Gehirn drei Problemlösungsoptionen zur Verfügung: Tilgung, Verzerrung oder Verallgemeinerung.

Tilgung

Das Gehirn löscht Informationen, die es entweder nicht erwartet oder für entbehrlich hält. Doch es trifft nicht immer gute Entscheidungen, weil es bisweilen auch hilfreiche Informationen ausmustert. Wenn Sie beispielsweise zu den Menschen gehören, die ihr Augenmerk eher auf die negativen als auf die positiven Aspekte einer Situation richten, werden die positiven Inhalte entfernt. In einem berühmten Experiment von Christopher Chabris und Daniel Simons spielen sechs Personen Basketball. Die Zuschauer sind aufgefordert, die Pässe zwischen den Spielern im weißen Shirt mitzuzählen. Ungefähr der Hälfte der Zuschauer entging dabei vollständig, dass jemand im Gorillakostüm die Szene betrat und sich gegen den Brustkorb trommelte. Das lag daran, dass das Bewusstsein mit Zählen beschäftigt war und die Tatsache ausblendete, dass sich ein Gorilla auf dem Spielfeld aufhielt, weil es sich zu sehr auf die Einzelheiten des Ballwechsels konzentrierte. Wahrnehmungen zu löschen ist ein wirkungsmächtiges Instrument unseres Gehirns. Was tilgen oder blenden Sie aus?

Das Video zum Basketball-Experiment können Sie unter www.theinvisiblegorilla.com / videos.html abrufen.

Verzerrung

Das Gehirn verzerrt außerdem Informationen, um sie unseren Erwartungen anzupassen. So funktionieren optische Täuschungen. Hier ein bekanntes Beispiel:

PARIS IM
IM FRÜHLING

Wenn Sie »Paris im Frühling« gelesen haben, haben Sie sich getäuscht. Dort steht »Paris im im Frühling«. Wir erwarten nicht, das Wort »im« doppelt zu sehen, deshalb löschen wir die Wiederholung, ohne dass es uns bewusst wird. Meistens entstehen dadurch keine Probleme, aber das ist nicht immer der Fall. Beispielsweise kann eine unbewusst falsch wahrgenommene Realität bewirken, dass wir Dinge persönlich nehmen, die überhaupt nicht so gemeint waren. Wenn wir etwas persönlich nehmen, fühlen wir uns schlecht, und wenn wir uns schlecht fühlen, erhält unsere Energie einen Tiefschlag.

Verallgemeinerung

Wir sprechen von Verallgemeinerungen oder Generalisierung, wenn wir aus bestimmten Erfahrungen Rückschlüsse auf ähnliche Erfahrungen ziehen. Aussagen wie »immer«, »nie«, »völlig«, »alle Männer sind ...«, »alle Frauen sind ...« gehören in diese Kategorie. Wenn beispielsweise jemand von bestimmten Personen enttäuscht wurde, verallgemeinert er die Erfahrung, wenn er sagt »Man kann niemandem trauen«. Das ist eindeutig eine Verallgemeinerung, weil die meisten Leute *vertrauenswürdig* sind. Die Verallgemeinerungen, die wir schaffen, sind durch unsere Persönlichkeitsfilter, Erfahrungen, Wertvorstellungen und Überzeugungen geprägt. Aber wir müssen nicht in diesen Mustern steckenbleiben. Wir sollten uns nur bewusst machen, dass sie auftauchen können und in welchen Situationen sie Probleme verursachen können.

Die wichtigsten Denkmuster

In der folgenden Tabelle sind einige der wichtigsten Denkmuster dargestellt.

Denkmuster	Beschreibung	Beispiel
Alles-oder-nichts-Denken	Alles ist schwarz oder weiß. Damit ignoriert man die Tatsache, dass es dazwischen oft Grauschattierungen gibt.	»Das hat überhaupt nicht geklappt.« In Wirklichkeit waren vermutlich einige Aspekte der Arbeit durchaus in Ordnung.
Voreilige Schlussfolgerungen ziehen	Situationen deuten, ohne die Fakten zu kennen, oder der Versuch, Gedanken zu lesen	»Sie ist nicht der Meinung, dass ich gute Arbeit leiste.«
»Sollte«-Aussagen	Jede Aussage, die »muss«, »sich gezwungen sehen«, »sich verpflichtet fühlen« oder »sollte« einschließt; dazu gehört auch »darf nicht« oder »sollte nicht«. Diese Worte beinhalten unausgesprochene Verhaltensregeln und rufen Widerstand und (bei Nichtbeachtung) ein Gefühl des Versagens hervor.	»Ich muss diese Aufgabe perfekt erledigen – alles andere ist unannehmbar.«
Personalisierung	Der Gedanke, die Ursache eines unliebsamen Ereignisses oder unzulänglich zu sein	»Mein Sohn steckt in Schwierigkeiten, und das ist allein meine Schuld.«
»Was ist, wenn«-Fragen	Man sieht das schlimmste Ergebnis voraus.	»Was ist, wenn die ganze Sache schiefgeht?«

Wie Selbstgespräche die Energie beeinträchtigen

Ich frage mich, welche Selbstgespräche Ihre Energie beeinträchtigen – auf der emotionalen und der physischen Ebene. Die nachfolgende Tabelle zeigt Ihnen anhand einiger Beispiele, wie Sie diesen kräftezehrenden Zustand ändern könnten.

Innerer Dialog	Alternative	Wirkung
»Das ist schwierig.«	»Wie sieht mein nächster Schritt aus?« Oder: »Was kann ich tun, um mir die Sache zu erleichtern?«	Hier ist das kreative Bewusstsein gefragt.
»Das kann ich nicht.«	»Das kann ich noch nicht, aber ich bin imstande, es zu lernen.«	Hier zeigt sich, dass Lernen ein Prozess ist. Als Kinder konnten wir nicht laufen, bevor wir den ersten Schritt getan haben. Wir konnten nicht sprechen, bevor das erste zusammenhängende Wort aus unserem Mund kam. Jeder muss auf irgendeinem Gebiet bei null beginnen, und Übung macht bekanntlich den Meister.
»Ich habe keine Ahnung, wie das geht.«	»Wer kann mir das beibringen?« Oder: »Wie kann ich das lernen?«	Damit wechseln Sie bereits in den Problemlösungsmodus über.

Innerer Dialog	Alternative	Wirkung
»Was ist, wenn es schiefgeht?«	»Wie kann ich dazu beitragen, dass alles glattläuft?«	Hier wird Ihr Intellekt miteinbezogen, damit Sie schon im Vorfeld verschiedene Problemlösungsmöglichkeiten erwägen können, statt zu warten, bis Sie sich Hindernissen gegenübersehen. Dabei wird ein tiefer verankertes Element des kreativen Bewusstseins aktiviert, das gewöhnlich Ideen hervorbringt, auf die Sie von alleine nicht gekommen wären. Es kann Spaß machen, über Leute nachzudenken, die in einem bestimmten Szenario eine große Hilfe wären – das ist so, als wäre man Mitglied in einem Beratergremium, das in Zeiten der Not gute Dienste leistet.
»Das ist langweilig.«	»Was kann ich tun, damit mir diese Aktivität Spaß macht?« Oder: »Wie kann ich diese Aktivität interessanter gestalten?«	Damit verlagern Sie den Fokus Ihrer Aufmerksamkeit von den negativen auf die positiven Aspekte und machen sich Ihre schöpferischen Fähigkeiten zunutze.
»Was für ein schrecklicher Mensch.«	»Ich mag diesen Mann nicht. Deshalb muss ich ihn besser kennenlernen.«	Der Ausspruch stammt nicht von mir, sondern von Abraham Lincoln; damit sind Sie offen für alle Möglichkeiten, statt sich mit Ihrem Urteil festzulegen.

Innerer Dialog	Alternative	Wirkung
»So bin ich nun mal.«	»So war ich bis jetzt. Wer möchte ich sein? Welchen Schritt leite ich als ersten ein?«	Damit nehmen Sie die Chance wahr, sich weiterzuentwickeln und aus den gewohnten Denk- und Verhaltensmustern auszubrechen. Das Verharren im alten Trott lähmt! Möchten Sie weiterhin auf der Stelle treten oder raus aus den eingefahrenen Gleisen?
»Das hat überhaupt nicht geklappt.«	»Welche drei Aufgaben haben Sie erfolgreich bewältigt (es gibt mit Sicherheit drei), und welche Aufgabe würden Sie aus heutiger Sicht anders lösen?«	Hier kommt die 3:1-Regel aus dem dritten Kapitel zur Anwendung. Sie trägt dazu bei, die positiven Aspekte zur Kenntnis zu nehmen und die negativen konstruktiv zu nutzen.
»Sie ist nicht der Meinung, dass ich gute Arbeit leiste.«	»Welche Beweise gibt es für diese Annahme? Was spricht gegen diese Annahme?«	Oft nehmen wir Dinge persönlich, weil wir sie durch die Brille des Opfers filtern und alle positiven Aspekte löschen, die eine ausgewogenere Sicht erlauben würden. Wenn wir Indizien auf den Grund gehen, die für das Gegenteil sprechen, würden wir auf diese persönliche Färbung aufmerksam werden.

Innerer Dialog	Alternative	Wirkung
»Ich muss die Aufgabe perfekt erledigen – alles andere ist unannehmbar.«	»Ich werde alles tun, was in meiner Macht steht.«	Dieser Ansatz lässt wesentlich mehr Raum für Entwicklungsprozesse und Nachsicht; er fördert den Einsatz nach besten Kräften statt die Herrschaft der Angst. Denken Sie daran, dass der Perfektionismus ein Tyrann ist.
»Mein Sohn steckt in Schwierigkeiten, und das ist allein meine Schuld.«	»Mein Sohn steckt in Schwierigkeiten, weil er schlechte Entscheidungen getroffen hat.«	Hier wird die Verantwortung auf die Person übertragen, der sie obliegt, und jede Einbindung in das Dramadreieck vermieden.

Da positives und negatives Denken gleichermaßen große Auswirkungen auf Ihre Energie haben können, sind Sie gut beraten, Ihre Bemühungen in positive Denkmuster zu investieren und die Vorteile zu genießen.

· · · ·

WIR MACHEN UNS ENTWEDER UNGLÜCKLICH
ODER WIR MACHEN UNS STARK.
DER ARBEITSAUFWAND IST DER GLEICHE.

CARLOS CASTANEDA

· · · ·

Dankbarkeit und Versöhnlichkeit

Wenn Sie eine Haltung der Dankbarkeit pflegen, wächst Ihre Energie und erfüllt Sie mit einer Warmherzigkeit, die nach außen ausstrahlt und eine positive Auswirkung auf die Menschen in Ihrem Umfeld hat. Kennen Sie das Gefühl, dass sich die ganze Welt gegen Sie verschworen hat, wenn Sie einen schlechten Tag haben und denken, dass alles schiefläuft? An anderen Tagen scheint Ihnen die Welt zu Füßen zu liegen und alles mühelos zu gelingen. Diese Gefühle spiegeln in der Regel nicht das Leben selbst wider, sondern vielmehr Ihre Einstellung zum Leben. Wenn Sie sich auf das konzentrieren, wofür Sie dankbar sein können, vor allem in Zeiten, in denen Sie mit großen Herausforderungen konfrontiert werden, können Sie Ihre Lebenssicht von Grund auf verwandeln und Ihre Lebenserfahrungen durch den Filter einer sanften, positiven Energie betrachten.

Wenn Sie alles, wofür Sie dankbar sein können, die großen und die kleinen Dinge in Ihrem Leben, in einem Dankbarkeitstagebuch vermerken, legen Sie den Grundstein für eine gute Gewohnheit. Vielleicht gehört dazu, dass der Barista Sie heute bei der Zubereitung Ihres Kaffees angelächelt hat oder dass Sie während der Fahrt zur Arbeit drei grüne Ampeln in Folge hatten. Immer öfter für kleine Dinge dankbar zu sein kann eine große Wirkung zeitigen.

• • • •

WENN SIE EINE HALTUNG DER DANKBARKEIT PFLEGEN, WÄCHST IHRE ENERGIE.

• • • •

Versöhnlichkeit kann ebenfalls ein Energieträger sein. Zu Ihrem inneren Dialog können beispielsweise Aussagen gehören wie »Ich kann nicht glauben, dass er so etwas gemacht hat« oder »Ich rede nie wieder mit ihr«. An einer unversöhnlichen Einstellung festzuhalten ist eine schwere Last, aber viele Leute stehen sich selber im Weg, wenn es gilt, anderen zu verzeihen. Ich sporne meine Klienten an, Versöhnungsarbeit zu leisten, und stelle immer wieder fest, wie befreiend sie wirkt, weil die Betroffenen die Bürde nicht länger mit sich herumtragen müssen. Dass es Menschen schwerfällt, jemandem zu vergeben, kann unter anderem daran liegen, dass sie der Meinung sind, die betreffende Person hätte es nicht verdient, dass man ihr verzeiht, oder sie befürchten, damit ein bestimmtes Verhalten stillschweigend abzusegnen. Der Akt der Versöhnung bedeutet nicht zwangsläufig, dass Sie der Person, die Sie enttäuscht hat, wieder vertrauen müssen (es sei denn, Sie halten es für angemessen). Sich zu versöhnen bedeutet, Frieden mit jemandem zu schließen, und das ist etwas, was Sie für sich selbst tun, denn sie verändern damit Ihre innersten Gefühle. Die andere Person muss nicht einmal erfahren, dass Sie ihr verziehen haben.

In seinem Buch *Why Kindness is Good for You* beschreibt David Hamilton wissenschaftliche Forschungen aus dem Jahr 2000, das sogenannte HOPE- und das spätere HOPE2-Projekt (ein Sozialprogramm, das ursprünglich Hoffnung in das Leben indischer Slumbewohner bringen sollte und sich zu einem multidimensionalen Projekt entwickelte). Die Bewohner Nordirlands, die während bewaffneter Unruhen Angehörige verloren hatten, erhielten die Möglichkeit, ein Versöhnungstraining zu absolvieren. Infolge dieser Versöhnungsarbeit wurden Schmerz, Wut, Stress und Depressionen merklich abgebaut, während die

Vitalität gesteigert wurde (Energie, Appetit, erholsame Schlafmuster und allgemeines Wohlbefinden).

Wenn Sie sich von Ihrer unversöhnlichen Haltung befreien, fühlen Sie sich leichter, freier und energievoller. Sie sollten diesen seelischen Ballast unbedingt über Bord werfen, statt ihn einfach zu unterdrücken, denn das kostet eine Menge Kraft. Wenn Sie 80 Prozent Ihrer Zeit darauf verwenden, negative Gedanken zu wälzen oder negative Gefühle zu unterdrücken, zehren Sie zu 80 Prozent von Ihrer Energie. Jeder Funke Energie, den Sie verschwenden, weil Sie an negativen Gedanken, Unversöhnlichkeit, Wut, Selbstzweifeln, Schuldzuweisungen oder Schuldgefühlen festhalten, gleicht einem schwarzen Loch in Ihrer Vitalität und Lebenskraft.

Die Vergangenheit ist Geschichte; niemand zwingt Sie, sich darüber zu definieren. Sie müssen sie nicht mit sich herumschleppen. Wenn Sie Frieden mit ihr schließen, öffnen Sie das Tor zu einer besseren Zukunft, denn Sie haben sich von der Last schmerzvoller Erfahrungen befreit. Wäre es nicht eine große Erleichterung, frei zu sein?

• • • •

VERGEBUNG HEISST, DASS WIR JEDE HOFFNUNG AUF EINE BESSERE VERGANGENHEIT AUFGEBEN.

JACK KORNFIELD

• • • •

Masaru Emoto veranschaulicht die Macht der Worte in seinem Buch *Die Botschaft des Wassers*. Mit Fotografien von Wasserkristallen macht er die Wirkung von Worten deutlich und liefert überzeugende Belege dafür, dass die Schwingungen bestimmter Worte die Energie steigern, harmonische Beziehungen schaffen und die Gesundheit verbessern können. Er zeigt auch die gegensätzlichen Effekte auf, die Aussagen wie »Du hast dir die größte Mühe gegeben« oder »Es ist hoffnungslos« nach sich ziehen: Bei der ersten Aussage bildet sich ein herrlicher Eiskristall, während das Wasser bei der negativen Botschaft eine deformierte Struktur annimmt. Die Schwingung des Mediums, das die Energie überträgt, scheint eine unbestrittene Wirkung zu haben. Das gilt auch für uns Menschen.

Wir können unseren inneren Dialog nicht uneingeschränkt steuern, aber wir sollten uns daran erinnern, dass wir nicht unsere Gedanken sind. Wir können sie wie ein außenstehender Beobachter wahrnehmen, statt uns von ihnen vereinnahmen zu lassen. Wir können sie zur Kenntnis nehmen und loslassen. Wir können sie auf den Prüfstand stellen, hinterfragen. Wir können neue neuronale Netze im Gehirn anlegen, die das positive Denken fördern. Unsere Energie wird es uns danken.

ZEIT ZUM NACHDENKEN

1 Welche inneren Dialoge zehren an Ihrer Energie?
2 Mit welchen alternativen Selbstgesprächen könnten Sie gegensteuern?
3 An welchen Unversöhnlichkeiten halten Sie fest?
4 Sind Sie bereit, sie loszulassen und Frieden zu schließen?
5 Wofür können Sie dankbar sein?

7.
ZEN UND ACHTSAMKEIT

DIE RUHIGE ENERGIE
DER ACHTSAMKEIT

Wie viel Zeit verbringen Sie am Tag damit, Ihre Aufmerksamkeit voll auf den gegenwärtigen Augenblick zu konzentrieren – auf die Tätigkeit, die Sie gerade verrichten, auf die Menschen, in deren Gesellschaft Sie sich gerade befinden, auf den Ort, an dem Sie sich gerade aufhalten? Haben Sie, wenn Sie Freizeitaktivitäten mit Ihren Freunden oder Ihrer Familie genießen, ein schlechtes Gewissen, weil Sie eigentlich arbeiten, putzen oder die Garage aufräumen sollten? Und machen sich gleichermaßen Schuldgefühle bemerkbar, wenn Sie im umgekehrten Fall Ihrer beruflichen Tätigkeit zu viel und Ihrer Familie oder Freunden zu wenig Zeit widmen? Beklagen sich die Menschen, die Ihnen nahestehen, dass Ihr Smartphone mehr Aufmerksamkeit erhält als sie?

Wir verbringen einen großen Teil unserer Zeit damit, uns zu wünschen, an einem anderen Ort zu sein, an Dinge zu denken, die wir in diesem Moment lieber tun würden, etwas zu bedauern, was wir aus heutiger Sicht anders gemacht hätten, oder uns ein anderes Leben zu erträumen als das, das wir haben. Wir sind selten fest im Hier und Jetzt verankert.

Wie wirkt sich das auf unsere Energie aus? Ich habe eine sehr nette Klientin, das reinste Energiebündel, wie es schien, als sie das erste Mal in meine Sprechstunde kam. Sie lächelte ohne Unterlass – ein breites, strahlendes Lächeln –, ungeachtet dessen, worüber sie gerade redete. Sie erklärte, alles sei »super«, aber sie tippte während der gesamten Sitzung mit dem Fuß auf den Boden, wippte mit den Beinen oder sprang von einem Thema zum nächsten, verfolgte einen Gedankengang selten bis zum Ende. Sie stand ganz offensichtlich unter massivem Stress, aber lächelte trotzdem. Der Stress manifestierte sich in einer Zwangserkrankung. Sie litt unter dem Drang, sich ständig die Hände zu waschen, Dinge zu säubern, die keiner Reinigung bedurften, und Gegenstände immer wieder aufs Neue zu ordnen. Irgendwann erreichte die Störung einen Punkt, an dem es aufgrund dieser stereotypen Rituale für sie zur Herausforderung wurde, das Haus zu verlassen.

Ich empfahl ihr Achtsamkeitsübungen, die Kunst der Hingabe an den gegenwärtigen Moment, der vollen, wertungsfreien Präsenz. Da sie nie im Hier und Jetzt weilte, konnte sie den Augenblick weder hundertprozentig genießen noch sich völlig auf ihn einlassen. Sie fühlte sich getrieben (was auch eine Form der Energie ist) und war gleichzeitig über die Maßen erschöpft, hatte aber zu große Angst, auf ihre Rituale zu verzichten. Zuerst fielen ihr die Achtsamkeitsübungen schwer. Doch im Lauf der Zeit ermöglichten sie es ihr nicht nur, ihre uneingeschränkte Aufmerksamkeit auf die Therapiesitzungen zu richten – Füße, Beine und Gedanken entspannt –, sie wurde auch am Arbeitsplatz leistungsfähiger, sozial engagierter und generell umgänglicher.

Die Praxis der Achtsamkeit gibt es schon seit über zwei Jahrtausenden. Sie wurzelt in der buddhistischen Meditation, ist aber nicht an eine Religion gebunden. Achtsamkeit zielt darauf ab, die Aufmerksamkeit auf die äußeren Vorgänge und inneren Erfahrungen im derzeitigen Augenblick zu lenken und sie bewusst wahrzunehmen. Diese Praxis wird auch therapeutisch eingesetzt, weil sie Depressionen und Angstzustände lindert – die sich im Übrigen negativ auf den Energiespiegel auswirken.

Zen ist eine Strömung des Buddhismus, die den Wert der Achtsamkeit betont. Ein prägendes Merkmal des Zen ist die Idee der Verbundenheit mit der Welt ringsum und allem, was ist, gepaart mit einer inneren Unabhängigkeit von materiellen Besitztümern oder Reichtum. Es geht darum, die einfachen Freuden im Leben zu genießen und die Wirklichkeit in ihrer ganzen Fülle zu erfahren.

Der Unterschied zwischen Achtsamkeitspraxis und Meditation besteht darin, dass Meditation eine formellere Form der Achtsamkeitspraxis ist:

> Zur Meditation kann die Fokussierung der Aufmerksamkeit auf den Atem, eine Kerze oder ein bestimmtes Wort gehören. Oft ist damit das Bestreben verbunden, jeden Gedanken zu vermeiden, was eine besonders große Herausforderung darstellt.

> Achtsamkeit erfordert dagegen die wertungsfreie Fokussierung der Aufmerksamkeit auf das Geschehen im gegenwärtigen Augenblick.

Da ich auch als Hypnotherapeutin arbeite und meinen Klienten Selbsthypnose-Techniken beibringe, werde ich oft nach dem Unterschied zwischen Achtsamkeit und Hypnose gefragt. Hypnose kann Achtsamkeit schaffen, enthält aber zusätzlich Anleitungen, die das Unterbewusstsein speichert. Deshalb hat sie eine stärkere Wirkung und ein größeres Veränderungspotenzial. Sie ermöglicht es, spezifische, therapiebezogene Ergebnisse zu erzielen, was jedoch der Zeit und Mühe bedarf.

Und schließlich besteht der Unterschied zwischen Achtsamkeit und Entspannung darin, dass bei der Entspannung eine willentliche Bemühung fehlt. Achtsamkeit kann durchaus entspannend sein, aber es erfordert Disziplin und Mühe, um Bewusstsein und Wahrnehmung auf den gegenwärtigen Augenblick zu fokussieren. Wie beim Training eines Hundewelpen müssen Sie die abschweifende Aufmerksamkeit immer wieder aufs Neue »zurückrufen«. Wenn Sie versuchen, sie zu knebeln, kämpft sie sich frei; erfolgreich sind nur Erziehungsmaßnahmen mit sanfter Hand.

• • • •

WIR VERBRINGEN EINEN GROSSEN TEIL UNSERER ZEIT DAMIT, UNS ZU WÜNSCHEN, AN EINEM ANDEREN ORT ZU SEIN, AN DINGE ZU DENKEN, DIE WIR IN DIESEM MOMENT LIEBER TUN WÜRDEN, ETWAS ZU BEDAUERN, WAS WIR AUS HEUTIGER SICHT ANDERS GEMACHT HÄTTEN, ODER UNS EIN ANDERES LEBEN ZU ERTRÄUMEN ALS DAS, DAS WIR HABEN. WIR SIND SELTEN FEST IM HIER UND JETZT VERANKERT. WIE WIRKT SICH DAS AUF UNSERE ENERGIE AUS?

• • • •

Die Vorteile der Achtsamkeit

Abgesehen von der ruhigen, stabilisierenden Energie, die sie vermittelt, hat die Achtsamkeit noch zahlreiche weitere Vorteile, die auf der physischen, mentalen und spirituellen Ebene verortet sind.

Physiologische Vorteile

> reduziert die Stresshormone
> senkt den Blutdruck
> stärkt das Immunsystem
> erhöht die Produktion des »Glückshormons« Endorphin
> verstärkt die Ausschüttung des »Kuschelhormons« Oxytocin
> fördert einen erholsamen Schlaf
> verringert die Schmerzempfindlichkeit
> verändert das Gehirn

Psychologische Vorteile

> baut Stress ab
> unterstützt die Konzentrationsfähigkeit
> erhöht die emotionale Stabilität
> bringt den inneren Kritiker zum Schweigen
> optimiert den Entscheidungsfindungsprozess
> fördert die Erkenntnis- und Wahrnehmungsfähigkeit
> erdet
> reduziert Suchtverhalten
> verleiht mehr Selbstkontrolle

Spirituelle Vorteile

> fördert Empathie und Einfühlungsvermögen
> verstärkt das Gefühl der Verbundenheit

> öffnet das Herz

> erzeugt inneren Frieden

> trägt dazu bei, den gegenwärtigen Augenblick zu genießen

> bereichert das Leben

> stellt den Kontakt zum klugen Unbewussten her

> verbindet uns mit einem höheren Sinn

> unterstützt uns darin, unser Leben von innen heraus zu le-
ben, statt unser Glück in der Außenwelt zu suchen

Achtsamkeit in der Praxis

Achtsamkeit erlaubt Ihnen, in einer stressgeplagten Welt den
»Pause-Knopf« zu drücken. Hier einige einfache Übungen, die
ich meinen Klienten nahelege:

1. Setzen Sie sich bequem hin, sodass Ihr Rücken gestützt ist;
die Füße stehen fest auf dem Boden und die Hände befinden
sich an den Seiten oder im Schoß.

2. Schließen Sie die Augen und richten Sie Ihre Aufmerksamkeit auf den Atem, ohne ihn zu bewerten.

3. Nehmen Sie bewusst wahr, wie der Atem durch die Nase
ein- und ausströmt – achten Sie auf den Temperaturunter-
schied zwischen dem Ein- und Ausatmen.

4. Konzentrieren Sie sich auf die Bewegung von Brustkorb und
Bauch beim Ein- und Ausatmen. Nehmen Sie die Atemge-
räusche wahr.

5. Wenn Ihre Gedanken abschweifen, was wahrscheinlich ist,
kehren Sie mit Ihrer Aufmerksamkeit einfach wieder zu
Ihrem Atem zurück.

Führen Sie die Übung zwei Minuten lang durch; kehren Sie mit der Aufmerksamkeit jedes Mal, wenn die Gedanken abschweifen, zu Ihrem Atem zurück.

Achtsamkeit bedeutet nicht Gedankenleere, sondern Bewusstsein und erhöhte Wahrnehmung. Man nimmt die Gedanken aktiv zur Kenntnis, statt sie zu leugnen oder zu verdrängen. Der Versuch, Gedanken zu unterbinden, ist äußerst erschöpfend und nahezu unmöglich. Die Gedanken kommen und gehen, und deshalb empfiehlt es sich, sie einfach nur am Rande zu vermerken und sich immer wieder auf den Atem zu fokussieren. Werten Sie die Gedanken nicht, nehmen Sie sie nur zur Kenntnis und kehren Sie zum Atem zurück. Lassen Sie sich nicht auf sie ein, sondern lassen Sie sie einfach vorüberziehen wie Wolken am Horizont.

Ich habe bereits meinen Hund erwähnt, und eine meiner Lieblingsbeschäftigungen besteht darin, mit ihm auf den Feldwegen in der Nähe meines Hauses spazieren zu gehen, die Natur zu genießen und ihn dabei zu beobachten, wie er die Umgebung erkundet und Spaß hat. Manchmal werde ich jedoch durch Gedanken an die Arbeit abgelenkt, die an diesem Tag ansteht, oder an die Aufgaben, die ich gestern zu meinem Leidwesen nicht erledigt habe. Wenn ich meine Aufmerksamkeit bewusst auf das Hier und Jetzt zurücklenke, wird meine Energie auf Anhieb sanfter und lichter. Und das Wunderbare daran ist, dass diese Energie auch andere Bereiche meines Lebens durchdringt. Sie *erweitert* die Kraft, die diesen Bereichen zur Verfügung steht, statt sie zu begrenzen.

Wenn die Energie, die mit unseren Emotionen oder unserer Aufmerksamkeit verbunden ist, zerstreut wird, hat das zur Folge, dass wir uns niemals ganz in eine Aufgabe einbringen, unser Leben niemals voll genießen und uns niemals wahrhaft erfüllt fühlen.

Wenn wir den menschlichen Verstand abermals mit einem Welpen vergleichen, der noch keine Hundeschule absolviert hat, unkontrolliert umherspringt und schwer im Zaum zu halten ist, brauchen beide drei Dinge:

1. Geduld
2. Übung
3. Beständigkeit

Was immer Sie auch tun: Wenn Sie feststellen, dass Ihre Gedanken zu anderen Aufgaben abschweifen, mit denen Sie gerade beschäftigt sein sollten oder sein könnten, kehren Sie mit Ihrer Aufmerksamkeit einfach zum gegenwärtigen Moment zurück. Haben Sie Geduld mit sich selbst. Sie müssen die Achtsamkeitsübung etliche Male wiederholen, bevor Sie gelernt haben, im »Hier und Jetzt« zu sein, jeden neuen Augenblick zu genießen und darin Kraft zu schöpfen. Denken Sie daran, dass es eine Menge Energie kostet, wenn Sie Ihren Gedanken gestatten, unkontrolliert von einem Thema zum nächsten zu wandern und dadurch Ihre Konzentrationsfähigkeit zu beeinträchtigen.

Achtsame Gefühle

Im Lauf unseres Lebens lernen wir, dass negative Gefühle schlecht für uns sind. Tatsache ist jedoch, dass uns negative Gefühle wichtige Hinweise auf ein Problem geben, das gelöst werden sollte. Statt sie also zu ignorieren, sollten wir versuchen, der ihnen innewohnenden Botschaft auf den Grund zu gehen.

Negative Gefühle rauben uns die Energie. Es gibt sieben weitverbreitete negative Emotionen: Angst, Wut, Traurigkeit, Einsamkeit, Stress, Langeweile und Schuldgefühle. Jedes dieser Gefühle enthält eine Mitteilung an uns, die unserer Aufmerksamkeit bedarf – wie die folgende Tabelle zeigt.

Gefühl	Botschaft
Angst	Ich habe das Bedürfnis, mich sicher und geborgen zu fühlen.
Wut	Mir wurde ein Unrecht zugefügt und ich muss Grenzen setzen.
Traurigkeit	Ich habe etwas verloren, was mir wichtig ist.
Einsamkeit	Ich habe das Gefühl, isoliert zu sein.
Stress	Ich fühle mich überfordert.
Langeweile	Ich brauche mehr Freude oder Herausforderungen in meinem Leben.
Schuldgefühle	Ich habe jemandem ein Unrecht zugefügt.

Wir erleben diese Emotionen durch unsere Wahrnehmungsfilter. Unsere Emotionen spiegeln also nicht unbedingt wider, wie eine Situation tatsächlich ist, sondern zeigen, wie wir die Situation wahrnehmen. Nehmen wir unsere Gefühle und die darin enthaltene Botschaft achtsam wahr, dann können wir angemessen reagieren. Mit angemessen ist gemeint, aus einer Position der Stärke und Aufgeschlossenheit heraus zu handeln statt auf eine Weise, die von Angst gesteuert wird und unseren Handlungsspielraum einengt. Wir machen es uns zu leicht, wenn wir uns emotional distanzieren, anstatt auf das einzugehen, was gerade geschieht. In bestimmten Fällen mag dieser Rückzug auf uns selbst die richtige Strategie sein. Doch häufig dient er nur als Abwehrmechanismus, der die Situation noch verschlimmert, weil die Gefühle dadurch immer stärker werden – bis wir schließlich nicht mehr umhin können, uns mit ihnen zu befassen, weil wir sonst zwei weiteren Gefühlslagen Vorschub leisten würden:

> Frustration: »Meine Aktivitäten sind erfolglos.«

Wenn wir unsere Gefühle ignorieren, stellt sich häufig Frustration ein. Damit bürden wir uns eine zweite Belastung auf, indem wir dem ursprünglichen Problem zusätzlich den Ärger über den eigenen Misserfolg aufpfropfen. Und nicht nur das: Lassen wir unsere Emotionen auch weiterhin außer Acht, dann können sie sich zu einem wesentlich schwerwiegenderen Problem ausweiten, einer Depression.

> Depression: »Ich gebe auf. Ich kann nicht mehr.«

Das Risiko eines Zusammenbruchs wächst. Nur wenn wir unsere Gefühle beherzt in Angriff nehmen, können wir den unerlässlichen Durchbruch erzielen. Durch achtsame Beobachtung und angemessene Reaktion auf unsere Gefühle sind wir in der Lage, uns aus dem Zustand der Hilflosigkeit zu befreien und Hoffnung zu schöpfen und schließlich über den Zustand der Hoffnung in den Zustand innerer Zufriedenheit zu gelangen. Mit dieser inneren Zufriedenheit nimmt auch die Energie zu. Wer hätte das gedacht?

Aber was fangen wir mit den Gefühlen an, sobald wir sie zur Kenntnis genommen haben? Mit erfolgversprechenden Strategien könnte man ein ganzes Buch füllen. Ich nenne Ihnen drei, die besonders wirksam sind:

1. Verbinden Sie sich mit Ihrer inneren Weisheit.
2. Entwickeln Sie emotionale Kompetenz
3. Bauen Sie negative Gefühle mit EFT ab.

Verbinden Sie sich mit Ihrer inneren Weisheit

Sich mit Ihrer inneren Weisheit zu verbinden ermöglicht Ihnen, die ursprüngliche Wahrnehmung einer Situation zu verändern oder zumindest auszuweiten. »Verbinden« heißt, Ihr höheres Selbst – das einfühlsame, kluge und ausgewogene Selbst – zu fragen, was es in eben diesem Augenblick braucht. Der weise Aspekt des Bewusstseins ist immer positiv, selbstermächtigend und nachsichtig. Er urteilt nicht. Er kennt keine Schuldzuweisungen. Er macht Sie weder zum Opfer noch zum Täter. Er ist Ihr innerer Coach, der Ihnen vor Augen führt, wie Sie aus Herausforderungen lernen, an ihnen wachsen und innere Stärke gewinnen. Er ist immer auf Ihren Vorteil bedacht, trachtet nach der Verwirklichung des für Sie höchstmöglichen Guten. In der folgenden Tabelle finden Sie einige Empfehlungen, wie Sie dies umsetzen können.

Gefühl	Innere Weisheit
Angst	Ich begreife, dass Angst nur ein Gefühl ist, das vorübergeht.
Wut	Ich behaupte mich auf positive Weise, setze klare Grenzen und zeige damit anderen, wie ich grundsätzlich von ihnen behandelt werden möchte.
Traurigkeit	Statt traurig über den Verlust zu sein, lächle ich angesichts der Erinnerung.
Einsamkeit	Ich kann den Kontakt zu Personen, die mir etwas bedeuten, wiederherstellen. (Oft beginnt die Einsamkeit mit dem Gefühl, den Kontakt zu sich selbst verloren zu haben; also gilt es als Erstes, wieder in Verbindung zu dem Menschen zu treten, der Sie wirklich sind.

Gefühl	Innere Weisheit
Stress	Ich kann meine Wahrnehmung der Situation und meine Prioritäten ändern, Aufgaben delegieren und häufiger Nein sagen.
Langeweile	Ich kann versuchen, einen Sinn in meiner Tätigkeit zu finden, oder etwas tun, was mir mehr Spaß macht und / oder mich stärker fordert.
Schuldgefühle	Ich kann Wiedergutmachung leisten, entweder bei der Person, der ich ein Unrecht zugefügt habe, oder indirekt, indem ich anderswo etwas Gutes bewirke.

• • • •

DER WEISE ASPEKT DES BEWUSSTSEINS IST IMMER POSITIV, SELBSTERMÄCHTIGEND UND NACHSICHTIG.

• • • •

Entwickeln Sie emotionale Kompetenz

Emotionale *Kompetenz* bedeutet, darauf zu achten, was Ihnen die Stimme der inneren Weisheit empfiehlt, statt auf Ihre Gefühle zu *reagieren;* reagieren hieße, sie entweder zu unterdrücken oder in einer Weise auszuagieren, die nicht der Verwirklichung unseres höchstmöglichen Guten dient. Der erste Schritt sollte immer darin bestehen, sich mit der inneren Weisheit zu verbinden – nicht mit der Angst, dem Ego, dem Bedürfnis, es allen recht zu machen, oder mit Ihrer persönlichen Komfortzone –, sondern mit demjenigen Teil Ihres Selbst, der Ihre besten Interessen im Blick hat und Ihnen langfristig die Fähigkeit verleiht, sich zu dem Menschen zu entfalten, der in Ihnen ursprünglich angelegt ist.

Denken Sie daran, dass es einen Grund für die Existenz Ihrer Gefühle gibt; deshalb sollten Sie diese zur Kenntnis nehmen und emotional kompetent handeln (d. h. bewusst und achtsam das tun, was erforderlich ist), statt emotional zu reagieren (d. h. die Emotionen gedankenlos unterdrücken und sich ablenken oder sie unangemessen zum Ausdruck bringen).

Bauen Sie negative Gefühle mit EFT ab

Die »Technik der emotionalen Freiheit«, EFT, bietet eine wunderbare Möglichkeit, die emotionale Belastung, die eine Situation mit sich bringt, zu verringern. Sie ändert nichts am Geschehen, trägt aber dazu bei, dass Gefühle als weniger schmerzhaft empfunden werden, und versetzt Sie in die Lage, proaktiver und wirksamer mit der Situation umzugehen. Eine ausführliche Anleitung zur Anwendung dieser Technik finden Sie im Anhang I.

Indem Sie achtsam mit Ihren Gefühlen umgehen, schützen Sie sich davor, viel Energie durch die Unterdrückung von Gefühlen zu verbrennen. Außerdem verhindern Sie eine Eskalation der Probleme und beugen auf diese Weise größeren Belastungen vor, die zu einem Burn-out führen könnten.

ZEIT ZUM NACHDENKEN

1 Bringen Sie sich uneingeschränkt in die Aktivität ein, der Sie in diesem Augenblick nachgehen? Am Arbeitsplatz? In den Ruhepausen? Bei der Freizeitgestaltung?

2 Worauf richtet sich Ihre Aufmerksamkeit am Arbeitsplatz?

3 Worauf richtet sich Ihre Aufmerksamkeit in den Ruhepausen?

4 Worauf richtet sich Ihre Aufmerksamkeit bei der Freizeitgestaltung?

5 Worauf richtet sich Ihre Aufmerksamkeit, wenn Sie mit Ihrer Familie beisammen sind?

Sobald Ihre Gedanken abschweifen, gilt es, Ihre Aufmerksamkeit bewusst auf das »Hier und Jetzt« zurückzulenken. Das ist keine Entschuldigung, in eingefahrenen Gleisen zu verharren, sondern führt zur vollen Hingabe an den Augenblick und die Tätigkeit, mit der Sie gerade beschäftigt sind.

8.
KÖRPERLICHE BEWEGUNG UND ERNÄHRUNG

✌

DIE BAUSTEINE EINER GUTEN ENERGIE

Die für Sie richtige Bewegungs- und Ernährungsform zu finden ist ein Schlüsselelement Ihrer Energiestrategie. In diesem Kapitel werfen wir einen Blick auf die biologischen Aspekte der Energie, angefangen bei sportlichen Aktivitäten bis hin zu Nahrungsmittelunverträglichkeiten und Wassereinlagerung, Atmung, Funktionsweise des Körpers und seiner Organe und Ernährung.

Wir leben in einer von Druck und Hektik geprägten Welt, die in allen Richtungen große Anforderungen an uns stellt, sodass wir nur allzu leicht die Bedeutung von körperlicher Bewegung und Ernährung übersehen. Zwar muss beides durchdacht und geplant werden, doch Bewegung und Ernährung haben einen so positiven Einfluss auf unser Leben, dass sie auf der Prioritätenliste ganz oben stehen sollten.

Unsere Kultur des »das muss ich sofort haben« steht einer

gesunden Ernährung im Weg. Überall schießen Fastfood-Restaurants wie Pilze aus dem Boden. Ich wohne in einer kleinen Ortschaft mit ungefähr 7700 Einwohnern, aber wir haben drei indische und drei chinesische Restaurants, die Essen zum Mitnehmen anbieten, drei Kebab-Läden, eine Fisch-und-Chips-Bude und drei Cafés – alle sind in wenigen Minuten fußläufig erreichbar. Es ist schwer, dort gesundes Essen aufzutreiben, und die Versuchung, es locker anzugehen und anderen das Kochen zu überlassen, ist groß! Darüber hinaus gibt es bei uns noch eine Pizzeria und drei Pubs, sodass man problemlos vermeiden kann, selbst zu kochen. Hinzu kommt, dass die meisten Restaurants frei Haus liefern, was zur Folge hat, dass auch die körperliche Bewegung ein Opfer unseres Lebensstils geworden ist – ein doppelter Schlag für das Energieniveau.

Körperliche Bewegung und Energie

Als Erstes wollen wir uns ansehen, wie regelmäßige körperliche Bewegung die Energie erhöhen kann. Das Letzte, worauf wir Lust haben, wenn wir uns müde und abgespannt fühlen, sind Aktivitäten, die uns körperlich fordern. Aber tatsächlich kann uns ein wenig sportliche Betätigung oder Aktivität wieder in Schwung bringen. In einem Artikel, der 2006 im *Psychological Bulletin* erschien, wurde eine Studie mit 6800 Teilnehmern beschrieben, die eine überwiegend sitzende Tätigkeit ausübten; durch mehr körperliche Bewegung konnten bei mehr als 90 Prozent der Probanden die Energie gesteigert und Erschöpfungssymptome reduziert werden. Und nicht nur das: Die Ergebnisse waren sogar besser als diejenigen der Vergleichsgruppe, die mit einem stimulierenden Medikament behandelt wurde – selbst bei chronischen Erkrankungen. Gesundheitsfördernde sportliche Aktivitäten sind daher unverzichtbar, wenn Sie Ihre Energie aufbauen wollen.

Ein Topmanager, den ich als Coach betreut habe, pflegte in aller Frühe am Arbeitsplatz zu erscheinen, verzichtete auf Pausen, machte am Abend endlos lange Überstunden und klappte dann vor dem Fernseher zusammen, zu ausgelaugt, um seiner Familie Aufmerksamkeit zu schenken, bevor er während seiner Lieblingssendung einnickte. Er hatte das Gefühl, wie ein Schlafwandler durchs Leben zu gehen (eine weitverbreitete Klage bei meinen Klienten).

Schon ein einfaches Fitnessprogramm und gesundheitszuträgliche Pausen (ein Spaziergang an der frischen Luft und ein leichtes Mittagessen außer Haus) statt Kaffeepausen (Koffein ist ein Aufputschmittel, das extreme Energieabfälle und Energiespitzen verursacht) und ein Sandwich am Schreibtisch (Weizenprodukte rufen ein Trägheitsgefühl hervor) bewirkten einen Unterschied. Er war produktiver, obwohl er mindestens eine Stunde weniger an seinem Schreibtisch verbrachte, und hatte am Ende des Tages mehr Energie übrig, um die Zeit mit seinen Kindern sinnvoll zu nutzen.

Regelmäßige körperliche Bewegung erhöht den Sauerstoffgehalt im Körper, was zur Bekämpfung von Ermüdungserscheinungen beiträgt. Sie verbessert außerdem den Muskeltonus und stärkt somit die Ausdauer, so werden wir weniger anfällig für Erschöpfung. Doch das sind nicht die einzigen Vorteile. Die folgende Liste zeigt Ihnen, welche Vorteile Ihnen tägliche körperliche Bewegung einbringt.

Tägliche körperliche Bewegung

1. mindert Müdigkeit und Erschöpfung durch Erhöhung des Sauerstoffgehalts im Körper
2. stärkt die Ausdauer durch Verbesserung der Herzfunktion
3. verbrennt Kalorien
4. kurbelt den Stoffwechsel an
5. verbessert die Hirnfunktion durch erhöhte Blutzufuhr zum Gehirn
6. fördert die allgemeine Durchblutung
7. baut Stress ab
8. erhöht den Serotoninspiegel, gleicht die Stimmung aus
9. verstärkt die Ausschüttung von Endorphinen, »Wohlfühl-hormonen«
10. unterstützt das Gefühl der Autonomie und Selbstbestim-mung
11. trägt zu einem ausgewogenen Cholesterinspiegel bei
12. senkt den Blutdruck
13. verringert das Risiko, an einem Herzinfarkt, an Diabetes oder Krebs zu erkranken
14. verlangsamt den Alterungsprozess
15. schwemmt durch den Schweiß Toxine aus
16. unterstützt das Immunsystem
17. kann zwischenmenschliche Kontakte fördern und Spaß ma-chen
18. Außerdem haben Sie während der sportlichen Betätigung keine Möglichkeit, ungesunden Aktivitäten nachzugehen, beispielsweise Süßigkeiten zu vertilgen, zu rauchen usw.
19. Ein straffer Körper sieht ästhetischer aus als ein schlaffer.

Natürlich können extreme sportliche Aktivitäten eine negative Wirkung haben, deshalb sollten Sie unbedingt mit Ihrem Arzt

Rücksprache halten, bevor Sie mit einem anspruchsvollen Fitnessprogramm beginnen. Körperliche Bewegung muss nicht formal sein, also keinem festgefügten Schema folgen. Sie kann einfach eine ungezwungene Form physischer Aktivität sein, die Ihnen Spaß macht. Nachfolgend gebe ich Ihnen einige Beispiele für beide Formen der Bewegung.

Formale körperliche Bewegung	Informelle körperliche Bewegung
Hochintensives Intervalltraining (HIIT)	Spazierengehen
Aerobic	Tanzen
Joggen	Gartenarbeit
Kickboxen	Hausputz
Schwimmen	Autowaschen
Gymnastik	Fenster putzen
Indoor-Cycling	zu Fuß einkaufen gehen
Tennis	Treppen steigen statt Aufzug nehmen
Squash	Haus dekorieren
Skaten	Sex
Nordic Walking	Reiten
Übungen auf dem Fitnessstepper	Entspannungsübungen
Zumba	Tai-Chi
Spinning	Yoga
Skipping (Kniehebeläufe, ähnlich wie Seilspringen)	Pilates

Dies sind nur einige Beispiele für eine Vielzahl von Möglichkeiten. Dem Vernehmen nach gibt es sogar Geh-Fußball für diejenigen, die nicht laufen können, aber das Spiel und Mannschaftssportarten lieben. Es ist gut, verschiedenen sportlichen Aktivitäten nachzugehen, damit keine Langeweile aufkommt und der Körper von der Bewegungsvielfalt profitiert. Denken Sie an eine Aufwärm- und Abkühlphase, um den Organismus auf die Übungen vorzubereiten und dem Risiko einer Verletzung vorzubeugen. Wenn Sie nicht genau wissen, wofür Sie sich entscheiden sollen, sollten Sie verschiedene Dinge ausprobieren oder eine Probestunde mit einem Personal Trainer im Fitnessstudio vereinbaren, der ein Programm für Sie zusammenstellt, das auf Ihre spezifischen Bedürfnisse zugeschnitten ist.

Wie Forschungen belegen, hat es eine positive Wirkung auf die Gesundheit, wenn wir regelmäßig jeden Tag 10 000 Schritte gehen. Wie wäre es, wenn Sie sich einen Schrittzähler zulegen und sich täglich mit dieser sportlichen Herausforderung konfrontieren? Vielleicht finden Sie jemanden, mit dem Sie sich zusammenschließen, um sich gegenseitig zu motivieren und zu unterstützen, durchzuhalten.

Wenn Sie die körperliche Bewegung fest in Ihr Leben integrieren, werden Sie bald die ersten Resultate sehen und beginnen, sich auf Ihr tägliches »Fitnesstraining« zu freuen. Meines besteht darin, zweimal am Tag mit meinem Hund Gassi zu gehen, zu 90 Prozent morgens eine Viertelstunde Gymnastik zu machen und zusätzlich ins Fitnessstudio zu gehen. Abends tanze ich hin und wieder Ceroc (Modern Jive), Yoga genieße ich ebenfalls. Manchmal verbringe ich eine halbe Stunde auf dem Stepper, während ich eine meiner Lieblingssendungen im Fernsehen anschaue. Ich habe festgestellt, dass meine Energie und Leistungsfähigkeit spürbar schwinden und der Stresspegel steigt, wenn ich mir einrede, ich hätte keine Zeit für sportliche Aktivitäten. Nach meiner Erfahrung lohnt es sich, ein wenig früher aufzustehen, um sich die Zeit dafür zu nehmen.

Halten Sie nach Möglichkeiten Ausschau, mehr Aktivität und Bewegung in Ihren Alltag zu bringen. Wenn Sie sportlichen Aktivitäten an der frischen Luft nachgehen können, umso besser, denn das Tageslicht vermehrt ebenfalls die Energie, auch wenn sich die Sonne hinter ein paar Wolken verbirgt.

Sollten Sie zu den Menschen gehören, die zu viel Arbeit haben, um regelmäßig sportlichen Aktivitäten nachzugehen, dann denken Sie daran, wie viel Zeit Ihnen zur Verfügung steht, wenn Sie krank werden. Körperliche Bewegung ist eine Investition in Ihre Gesundheit, deshalb sollten Sie eigennützig sein, wenn es gilt, Ihre Zeit gut einzuteilen. Machen Sie sie zu einer täglichen Gewohnheit, die Sie in Ihren Terminplaner eintragen, und sorgen Sie dafür, dass der Termin nicht abgesagt wird.

Wenn Sie sportliche Aktivitäten, gleich, welcher Art, zu einem festen Bestandteil Ihres Lebens machen, werden Sie bald die ersten Resultate sehen und beginnen, sich darauf zu freuen.

Ernährung und Energie

Falsche Ernährung mindert nicht nur die Energie, sondern kann auch ein Gefühl permanenter Müdigkeit und Erschöpfung auslösen. Um ein Beispiel zu nennen: Zu viele Kohlenhydrate und Zucker verleihen zunächst einen schnellen Energieschub, auf den aber ebenso rapide ein Energieabfall folgt. Um gesund und kraftvoll zu bleiben, benötigt der Körper eine Vielfalt gesunder Nahrungsmittel und darüber hinaus Wasser, Sauerstoff und Licht.

Unsere Körperfunktionen regulieren sich nicht von selbst,

sondern werden von einem komplexen System gesteuert, das verschiedener Nährstoffe bedarf, um den gesamten Organismus bestmöglich mit Energie zu versorgen. Diese Nährstoffe liefern unserem Körper die Rohmaterialien, die er braucht, um körperlich und geistig optimal zu funktionieren. Heute ist es jedoch für uns schwierig geworden, die notwendige Tagesmenge an Nährstoffen ausschließlich aus Lebensmitteln zu beziehen, denn durch die modernen Anbau- und Lagermethoden, das Erhitzen in der Mikrowelle und zu lange Garzeiten geht schon ein Teil der Nährstoffe verloren, bevor sie in den Körper gelangen. Dazu kommt, dass Menschen mit Verdauungsproblemen die Nährstoffe nicht so gut aufnehmen können, wie es erforderlich wäre. Um wirklich von einer gesunden Ernährung zu profitieren, muss der Körper imstande sein, die Nährstoffe effektiv zu verarbeiten.

Eine gesunde Ernährung enthält überwiegend, etwa 80 Prozent, basische Lebensmittel und etwa 20 Prozent säurebildende Nahrungsmittel (siehe Anhang II). Ein Übermaß an Säure im Körper verursacht nicht nur Müdigkeit und Erschöpfung, sondern auch einen Mineralstoffmangel, der zu scherwiegenden Erkrankungen führen kann.

Obst und Gemüse sollten ungefähr die Hälfte Ihrer Kost ausmachen. Reduzieren Sie Junkfood so weit wie möglich. Auch wenn Ihr Energiespiegel dadurch auf Anhieb steigt, beeinträchtigen diese stark zucker-, fett- und salzhaltigen industriell hergestellten Lebensmittel auf lange Sicht Ihre Vitalität und setzen Energieschwankungen in Gang, die sehr ungesund sind.

Nährstoffe lassen sich zwei Hauptkategorien zuordnen: den Makro- und den Mikronährstoffen.

Makronährstoffe

Zu den Makronährstoffen, aus denen der Körper Energie gewinnt, gehören Proteine, Fette, Kohlenhydrate und Ballaststoffe.

❯ Proteine

Proteine bestehen aus Aminosäuren; sie sind unerlässlich für den Aufbau und die Reparatur von Gewebe und die Produktion von Enzymen, Hormonen und vielen weiteren körpereigenen Grundsubstanzen. Die besten Proteinquellen sind »vollständige Proteine«, die alle essenziellen Aminosäuren enthalten und beispielsweise in Fleisch, Fisch, Geflügel, Eiern, Milchprodukten, Käse, Sojabohnen, Hanfsamen und Quinoa vorkommen, wobei die drei Letztgenannten keine tierischen, sondern pflanzliche Produkte sind. Molkenprotein, Algen wie Chlorella und Spirulina, Gojibeeren und Amaranth gehören ebenfalls zu den vollständigen Proteinen.

❯ Fette

Einige Fette sind für die Gesundheit unerlässlich, aber es müssen die richtigen sein. Essenzielle Fettsäuren sind Fettsäuren, die der Körper nicht selber herstellen kann, die wir aber für Wachstum, Regenerationsprozesse und Gesundheit benötigen. Sie unterstützen die Aufnahme von Vitaminen und sind außerdem für den Aufbau der Zellmembranen, die Hormonfunktionen, die Funktionsfähigkeit des Gehirns, unsere Stimmungen und vieles mehr wichtig. Zu ihren Lieferanten gehören öliger Fisch, Samen, Nüsse, Olivenöl Extra Vergine und Chiasamen.

❯ Kohlenhydrate

Kohlenhydrate werden in zwei Hauptkategorien unterteilt: einfache und komplexe Kohlenhydrate. Wenn wir müde sind, neigt der Körper dazu, einen Heißhunger auf einfache Kohlenhydrate zu entwickeln, beispielsweise Weißbrot, weißer Reis, Kekse,

Kuchen und Zucker; dadurch wird zwar ein sofortiger Energie-anstieg erzeugt, dem aber rasch ein massiver Energieabfall folgt. Das treibt den Heißhunger wieder an, und da Kohlenhy-drate im Körper binnen kürzester Zeit in Fett umgewandelt werden, können Gewichtszunahme und Energietalsohlen ent-stehen. Wir sind auch deshalb so versessen auf Kohlenhydrate, weil sie den Serotoninspiegel heben, der die Stimmung aufhellt. Das ist jedoch langfristig keine gute Lösung, um Stimmungs-tiefs zu beheben.

Komplexe Kohlenhydrate haben dagegen eine stabilisierende Wirkung und fördern die Energie auf lange Sicht hin. Zu den ihren Quellen gehören Vollkornbrot, brauner Reis, Hafer, Lin-sen und Quinoa.

Nach dem Verzehr von Kohlenhydraten fühlen wir uns oft aufgebläht, weil sie sich an drei Wassermoleküle binden, wo-hingegen sich Proteine nur mit einem Wassermolekül ver-binden. (Deshalb hat es den Anschein, als würden wir binnen kürzester Zeit abnehmen, wenn wir die Kohlenhydrate weglas-sen, obwohl wir in Wirklichkeit nur Wasser verlieren.) Wichtig für eine gesunde Ernährung ist ein ausgewogener Anteil kom-plexer Kohlenhydrate in unserer Kost.

> **Ballaststoffe**

Ballaststoffe gehören zur Gruppe der Kohlenhydrate; sie tragen dazu bei, den Blutzucker und den Energiehaushalt zu stabilisie-ren und den Cholesterinspiegel zu senken. Ballaststoffe sind unerlässlich für eine regelmäßige Verdauung: Man fühlt sich oft schlapp, wenn die Verdauung träge ist. Gute Ballaststoff-lieferanten sind brauner Reis, Hülsenfrüchte, Quinoa, Kartof-felschalen, Obst (es sei denn, Sie entsaften die Früchte und ent-fernen dabei alle Ballaststoffe) und Vollkorngetreide.

Dazu zählen alle Vitamine und Mineralstoffe, die der Körper zur Unterstützung der Hirnfunktion und des Immunsystems, für den Tonus und die Elastizität der Haut, die Stärke und Dichte des Haarwuchses und natürlich für die Energie benötigt.

Die empfohlene Tagesmenge (Recommended Daily Allowance = RDA-Wert) eines Nährstoffs, oft auf der Verpackung vermerkt, ist das unerlässliche Minimum für den Erhalt des Lebens. Die optimale Tagesmenge (ODA-Wert) wird selten genannt, doch sie repräsentiert die Werte für den Erhalt von Gesundheit und Energie aus therapeutischer Sicht.

Der Ernährungsberater Dr. James F. Balch erklärt, ein Vitamin- oder Mineralstoffmangel könne Fehlfunktionen und schließlich massive Funktionseinschränkungen bestimmter Teile des Organismus verursachen – dem andere Teilbereiche des Körpers folgen, eine Kettenreaktion wie beim Dominoeffekt. Insofern ist eine gesunde, ausgewogene Ernährung Medizin. Außerdem schmeckt sie gut und braucht neben ein wenig Planung auch nicht allzu viel Zeit für die Zubereitung.

> Magnesium

Magnesium verbessert die Grundenergie und kommt in vielen Nahrungsmitteln vor. Doch aufgrund der modernen Anbaumethoden in der Landwirtschaft ist die darin enthaltene Menge nicht mehr so groß wie früher; deshalb ist es schwieriger geworden, den vom Körper benötigten Bedarf ausschließlich mithilfe der Nahrung zu decken. Sollten Sie unter massiven Erschöpfungszuständen und starkem Stress leiden, könnten Sie Magnesium im Rahmen eines ausgewogenen Nahrungsmittelergänzungsprogramms zu sich nehmen. Reich an Magnesium sind die folgenden Lebensmittel:

Äpfel	Auberginen	Brokkoli	Brombeeren
Cashewnüsse	Cheddar-Käse	Erdnüsse	frische Erbsen
getrocknete Aprikosen	getrocknete Datteln	getrocknete Feigen	grüne Blattgemüse
grüne Bohnen	Huhn	Kartoffeln mit Schale	Knoblauch
Kohl	Krabben	Mais	Mandeln
Milch	Mohrrüben	Paranüsse	Petersilie
Pflaumen	Pflücksalat	Pilze	Rosinen
Sellerie	Tomaten	Weintrauben	Zwiebeln

> Eisen

Eisen ist für die Energie ebenfalls unabdingbar, weil es zum Transport von Blut und Sauerstoff im Körper beiträgt. Diese Nahrungsmittel sind eisenhaltig:

Äpfel	Artischocken	Auberginen	Avocado
Bananen	Blumenkohl	brauner Reis	Brokkoli
Brombeeren	Cheddar-Käse	Datteln	Eier
Feigen	frische Erbsen	grünes Blattgemüse	Huhn
Hüttenkäse	Johannisbeeren	Karotten	Kartoffeln
Kirschen	Lachs	Lamm	Leber
Orangen	Pflaumen	Pilze	mageres Rindfleisch
Rosinen	rotes Fleisch	Rotkohl	Schweinefleisch
Sellerie	Sonnenblumenkerne	Tomaten	Walnüsse

Eine gesunde, ausgewogene Ernährung

Gesundheit ist mehr als das Fehlen von Krankheit, und eine gesunde, ausgewogene Ernährung fördert einen optimalen Gesundheitszustand. Ausgewogen ist die Ernährung, wenn eine breite Palette von Produkten aus allen Nahrungsmittelgruppen einbezogen wird. Viele Menschen leiden an einer Fehl- oder Mangelernährung, die auf einen übermäßigen Verzehr von Junkfood und der heutzutage weitverbreiteten Fertiggerichte zurückzuführen sein könnte. Auch der Modetrend zu Kleidung der Größe Zero ist keine Hilfe. Gesundheit und Energie erfordern eine ausgewogene, vielfältige und maßvolle Ernährung.

Neun Portionen pro Tag

Das Ziel »fünf Portionen pro Tag« (fünf Portionen Obst und Gemüse am Tag) ist ein absolutes Minimum, keine Obergrenze, und Sie brauchen wesentlich mehr, wenn Sie unter Stress oder Gesundheitsproblemen leiden. Als noch gesünder und auch gut umsetzbar werden neun Portionen pro Tag empfohlen. In seinem Buch *Mein Weg zur optimalen Gesundheit: Das Handbuch der richtigen Ernährung* empfiehlt Andrew Weil, einer der führenden Experten der integrativen Medizin:

> eine Banane mit einem Glas frisch gepresstem Orangensaft zum Frühstück

> zwei Portionen (mittelgroße Tasse) Salat und Gemüsesaft zum Mittagessen

> eine Portion (mittelgroße Tasse) Brokkoli zum Abendessen; einige Beeren und eine Scheibe Melone als Dessert

Denken Sie daran: Wenn Sie die Zuckerfalle umgehen wollen, ist frisches Obst besser als Saft aus dem Supermarkt. Wenn Sie

Saft trinken, sollten Sie gleichzeitig Protein zu sich nehmen, um einen raschen Energieanstieg und nachfolgenden Energieabfall zu vermeiden.

Hier sind meine Tipps für die goldene Regel »neun Portionen pro Tag«:

> Müsli mit Beeren und danach ein Apfel (mit Schale, wegen der Ballaststoffe, die sie enthält)
> Suppe aus frischem Gemüse und Salat als Beilage zum Mittagessen
> rohes Gemüse als Snack
> Ratatouille zum Hauptgericht
> Obstsalat zum Nachtisch

Die 80/20-Regel

Ich glaube an die Vorteile des Maßhaltens, und solange Sie sich 80 Prozent der Zeit gesund ernähren, müsste alles in bester Ordnung sein. Wenn Sie sich ständig alle Nahrungsmittel versagen, die nicht so gesund, aber »Balsam für die Seele« sind, wächst der Heißhunger darauf oder Sie haben das Gefühl, sich zu kasteien, was das Verlangen noch mehr steigert. Achten Sie einfach nur darauf, durch die entsprechende Menge gesunder Lebensmittel einen Ausgleich zu schaffen.

Alternativen zu Weizenprodukten

Viele Leute stellen einen enormen Energieanstieg fest, wenn sie den Verzehr von Weizenprodukten einschränken. Doch das kann kompliziert sein, da Weizen zu den Hauptgetreiden in unserer Nahrung gehört und als Inhaltsstoff in vielen industriell verarbeiteten Lebensmitteln auftaucht. Glutenfreie Produkte haben oft einen hohen glykämischen Index und leeren das

Energiereservoir ähnlich wie Weizen. (Der »glykämische Index« (GI) ist ein Wert, der die Wirkung von Kohlenhydraten auf den Blutzucker anzeigt. An ihm kann man ablesen, inwieweit ein kohlenhydrathaltiges Lebensmittel den Blutzucker über den Normalwert hebt.) Inzwischen haben sich viele Anbieter von Fertiggerichten auf das Problem eingestellt und bieten zum Beispiel Alternativen ohne Brot in ihrer Sandwich-Produktpalette an.

> **Nahrungsmittel, die Weizen enthalten:** Bulgurweizen, Sorghum-Weizen, Grieß, Couscous, Brot, Brötchen, Kuchen, Pasta, Kekse, Pasteten, Quiche, Kartoffeln, bestimmte Frühstückszerealien, Weizenstärke, Backpulver, Soßenpulver, Dosensuppen, Fertigteige.

> **Alternativen zu Weizenprodukten:** Buchweizen, Gerste, Roggen, Hafer, Reis, Mais, Quinoa, Kartoffeln, glutenfreies Mehl, Dinkelmehl (meistens), weizenfreie Pasta, Sodabrot, Roggenbrot, Reiskuchen, Haferplätzchen, Mais-Chips.

Kaffeeentzug in Eigenregie

Gegen eine Tasse Kaffee am Tag ist nichts einzuwenden, aber wenn Sie etliche Tassen brauchen, um wach zu bleiben, können Sie sich auf eine Energie-Berg-und-Tal-Fahrt einstellen. In diesem Fall ist es an der Zeit für einen Entzug. Dabei stehen Ihnen verschiedene Möglichkeiten zur Verfügung. Die erste besteht darin, die Menge und Stärke des Bohnenkaffees so lange zu verringern, bis Sie Ihren Konsum auf eine Tasse am Tag heruntergeschraubt haben.

Die zweite wäre, sich stattdessen für Zichorien-Kaffee zu entscheiden. Er schmeckt und wirkt ähnlich belebend wie Bohnenkaffee, führt aber nicht zum Energieabfall und hat zusätzliche gesundheitliche Vorteile. Es heißt, Zichorien-Kaffee sei besser bei Stress, sanfter für die Leber und ein verdauungsförderndes Mittel, das Darmträgheit vorbeugt. Natürlich gibt es auch noch andere heiße Getränke als Ersatz, beispielsweise grüner Tee, Pfefferminztee und Kamillentee.

Zuckerentzug in Eigenregie

Wie bereits erwähnt, haben wir oft einen Heißhunger auf zuckerhaltige Nahrung, wenn wir müde und erschöpft sind, weil sie uns einen kräftigen Energieschub gibt. Doch diesem Energiegewinn folgt bald ein Energieeinbruch, der den Heißhunger auf Zucker wieder anheizt. Falls Zucker zu Ihren Energiefeinden zählt, bieten sich zwei Entzugsmethoden an. Die erste ist eine Stabilisierung Ihres Blutzuckerspiegels, indem Sie überwiegend Nahrungsmittel mit einem niedrigen oder mittleren GI zu sich nehmen.

Um den Blutzuckerspiegel zu stabilisieren und den Teufelskreis der Energieachterbahn zu durchbrechen, sollten Sie außerdem weniger, aber dafür häufiger essen. Drei gesunde Mahlzeiten am Tag plus zwei gesunde Zwischenmahlzeiten sind optimal. Als Nächstes ist es ratsam, alle Lebensmittel aus Ihrem Haushalt zu verbannen, die Energiespitzen auslösen – Weißbrot, »weiße« Nudeln, Kekse und Süßigkeiten. Außerdem sollten Sie den Alkoholkonsum auf ein Mindestmaß reduzieren.

Ersetzen Sie Ihre einfachen Kohlenhydrate durch Vollkornprodukte mit niedrigem GI, die ihre Energie langsam freisetzen und deshalb dazu beitragen, den Blutzuckerspiegel zu stabilisieren. Produkte mit einem niedrigen GI sind am besten geeignet, um den Energiespiegel im Verlauf des Tages auf einem beständigen Niveau stabil zu halten. Hier eine Liste der Nahrungsmittel mit niedrigem, mittlerem und hohem GI:

Nahrungsmittel mit niedrigem GI zur Förderung lange anhaltender Energie

> alle Hülsenfrüchte, beispielsweise Linsen, Kichererbsen, Sojabohnen, gebackene Bohnen, Kidneybohnen, Wachsbohnen, Borlotti-Bohnen, Gerste
> Äpfel, getrocknete Aprikosen, Pfirsiche, Pflaumen, Kirschen, Grapefruits, Birnen
> Avocados, Zucchini, Spinat, Paprika, Zwiebeln, Pilze, grüne Blattgemüse, Lauch, dicke Bohnen, grüne Bohnen, Rosenkohl, Sprossen, Zuckererbsen, Blumenkohl, Brokkoli
> Naturjoghurt, Milch, Nüsse

Nahrungsmittel mit mittlerem GI zur Förderung von mittelfristig anhaltender Energie

> Süßkartoffeln, gekochte Kartoffeln, Yamswurzeln, rohe Karotten, Mais, Erbsen
> Vollkornnudeln und andere Nudeln, Hafer, Haferbrei, Haferkekse
> Vollkorn-Roggenbrot, Pita-Brot, Buchweizen, Bulgurweizen, brauner Reis
> Weintrauben, Orangen, Kiwi, Mango, Rote Beete, frische Datteln, Feigen

Nahrungsmittel mit hohem GI für sofortige, nur kurz anhaltende Energie

> Glukose, Zucker, Honig, Ananas, Bananen, Rosinen, Wassermelone
> gebackene Kartoffeln, Stampfkartoffeln, Pastinaken, gekochte Karotten, Kürbis, Steckrüben
> Weizenknäckebrot, Cracker, Weißbrot, Couscous

> Cornflakes, Kleieflocken, Instant-Haferflocken, Popcorn, Kuchen, Kekse
> Orangensaft, Trockenobst

Doch auch die Lebensmittel mit niedrigem GI sind mit Vorsicht zu genießen. In seinem Buch *The Low*-GL *Diet Bible* erklärt Ernährungsexperte Patrick Holford, dass einige Lebensmittel mit niedrigem GI eine so geringe Kohlenhydratmenge enthalten, dass ihre glykämische Last (GL) eine gegenteilige Auswirkung auf den Energiespiegel hat. Gleichzeitig haben einige industriell verarbeitete Lebensmittel, deren niedriger GI angepriesen wird, einen hohen, langsam freigesetzten Zuckergehalt, sodass sie rein technisch der Kategorie niedriger GI zugeordnet werden, aber ausreichende Zuckermengen enthalten, um sich nachhaltig auf die Energie auszuwirken. Damit wird es kompliziert! Ich bin aber dafür, das Leben so einfach wie möglich zu gestalten, und meiner Ansicht nach ist es ausreichend, sich an naturbelassene Nahrungsmittel in maßvollen Portionen zu halten und auf Kohlenhydrate mit einem niedrigen GI zu achten. Sie werden schnell einen positiven Unterschied feststellen.

Die zweite Methode des Zuckerentzugs baut auf einer Veränderung der Geschmacksnerven auf. Sie mögen an süße Nahrungsmittel gewöhnt sein, aber die Geschmacksnerven sind wandlungsfähig. Wenn Sie Kaffee oder Tee mit Zucker trinken, sollten Sie immer weniger nehmen, bis Sie ganz ohne Zucker auskommen. Verzichten Sie auf Zuckerersatzstoffe, denn auch sie erzeugen Energiespitzen und tun nichts dafür, Ihre Geschmacksnerven umzugewöhnen. Einige meiner Klienten, die ihren Kaffee mit beiden Zuckersorten gesüßt hatten, konnten nach dieser einfachen Entzugsmethode nicht einmal mehr den Gedanken daran ertragen. Sie werden sehen, dass Sie sich sehr schnell an die Umstellung gewöhnen. Es gibt aber auch noch weitere Möglichkeiten, den Heißhunger auf zuckerhaltige Produkte zu reduzieren oder auszumerzen:

> Trinken Sie eine Tasse heißes Wasser mit Zitrone, bevor Sie etwas Süßes essen.
> Putzen Sie sich vor dem Essen die Zähne.
> Meiden Sie kalorienarme Versionen von süßen Speisen und Getränken, da sie oft Zuckerersatzstoffe enthalten.
> Verdünnen Sie (stark zuckerhaltige) Fruchtsäfte mit Wasser, damit sie weniger süß schmecken.
> Gönnen Sie sich eine kleine Portion Trockenobst, aber nur hin und wieder, da es eine hohe Zuckerkonzentration hat.

Wenn sich Ihr Blutzuckerspiegel stabilisiert hat, verlieren Sie als zusätzlichen Bonus Körperfett und vermeiden die Entwicklung eines Diabetes Typ II – ein weiteres positives Ergebnis der erfolgreichen Ernährungsumstellung.

Alkohol

Alkohol enthält viel Zucker und baut allein deshalb Energie ab, ganz abgesehen davon, dass Sie sich ausgelaugt fühlen, wenn Sie über die Stränge schlagen. Auch wenn Sie keinen Kater bekommen, so zehrt Alkohol im Übermaß doch an der Energie, weil er dem Körper Wasser entzieht und ein Ungleichgewicht im Elektrolythaushalt verursacht.

Außerdem werden Sie nicht mehr so erholsam schlafen können, wenn Sie Alkohol getrunken haben. Ein Schlafdefizit wirkt sich wiederum auf Ihre Leistungsfähigkeit am Arbeitsplatz und Ihr Stressniveau aus. Wenn Sie feststellen, dass Sie Alkohol trinken, um Stress zu bewältigen, werfen Sie vor allem einen Blick auf die Kapitel 3, 6, 7 und den Anhang I.

Die Frage, wie viel Alkohol risikoarm konsumiert werden kann, wird weltweit unterschiedlich beantwortet. Informationen zum Alkoholkonsum sowie Empfehlungen für eine risikoarme Trinkmenge pro Tag geben zum Beispiel die Weltgesundheitsorganisation (WHO) oder in Deutschland die Deutsche Hauptstelle für Suchtfragen (DHS) und die Bundeszentrale für gesundheitliche Aufklärung (BZgA).

TIPPS FÜR EINE GESUNDE ERNÄHRUNG

1 Essen Sie häufiger, aber kleine Portionen – beispielsweise drei gesunde Mahlzeiten am Tag und zwei gesunde Snacks, wie Mandeln. Diese kleinen Zwischenmahlzeiten stabilisieren den Blutzucker, sodass kein Heißhunger auf Junkfood entsteht, um einen raschen Energieanstieg zu bewirken.

2 Achten Sie darauf, dass 25 Prozent der Kalorien, die Sie zu sich nehmen, aus Protein und gesunden Fetten stammen, mit etwa zwei Portionen öligem Fisch pro Woche.

3 Essen Sie nach den Farben des Regenbogens – eine breit gefächerte Farbpalette weist auf eine breit gefächerte Nährstoffpalette hin. Beigefarbene Lebensmittel (z. B. Brot aus ballaststoffarmem Mehl) sind fast immer ungesund oder minderwertig.

4 Zielen Sie in Ihrem Ernährungsplan auf mindestens fünf Portionen Obst und Gemüse am Tag ab; neun wären optimal.

5 Kaufen Sie saisonale Nahrungsmittel wegen des Geschmacks, des Nährwerts und der Nährstoffdichte.

6 Ersetzen Sie einfache durch komplexe Kohlenhydrate. Einfache Kohlenhydrate wie Weißbrot, weiße Nudeln, weißer Reis, Kuchen, Gebäck, Süßigkeiten und Chips lösen ein Trägheitsgefühl aus.

7 Wenn Sie Junkfood oder einfache Kohlenhydrate konsumieren, sollten Sie gleichzeitig Protein zu sich nehmen, um dem damit verbundenen Energieabfall vorzubeugen.

8 Meiden Sie Diätnahrungsmittel und -getränke – auch sie bauen Energie ab.

9 Verzichten Sie auch auf hochgradig industriell verarbeitete Lebensmittel.

10 Bereiten Sie Gemüse schonend zu, etwa indem Sie es in Dampf garen oder dünsten, oder essen Sie es roh, um die Nährstoffe zu erhalten.

11 Frühstücken Sie spätestens zwei Stunden nach dem Aufwachen.

12 Sie sollten das Essen entspannt genießen, um den Verdauungsprozess und das Säure-Basen-Gleichgewicht im Körper zu unterstützen (siehe Anhang II).

13 Kauen Sie jeden Bissen 20-mal, bevor Sie schlucken, damit die Verdauungsenzyme die Nahrungsbestandteile ausreichend spalten können.

14 Trinken Sie nicht während des Essens, sondern eine halbe bis Dreiviertelstunde vor einer Mahlzeit, da sonst die Magensäfte verdünnt werden, die für die Aufspaltung der Nahrung unerlässlich sind.

15 Klammern Sie alle Nahrungsmittel aus Ihrem Speiseplan aus, die Unverträglichkeitsreaktionen bei Ihnen auslösen (siehe etwas weiter unten).

••••
ESSEN SIE NACH DEN FARBEN DES REGENBOGENS –
EINE BREIT GEFÄCHERTE FARBPALETTE WEIST AUF EINE
BREIT GEFÄCHERTE NÄHRSTOFFPALETTE HIN.
••••

Nahrungsergänzungsmittel

Wenn Sie doppelt sichergehen wollen, dass Sie optimal mit Nährstoffen versorgt sind, können Sie zusätzlich hochwertige Nahrungsergänzungsmittel zu sich nehmen. Ich empfehle:

> qualitativ hochwertige naturidentische Multivitamin- und Mineralstoffpräparate

> essenzielle Fettsäuren (Krillöl-Kapseln sind hervorragend)

> ein Antioxidans zum Schutz gegen freie Radikale

Welche Nahrungsergänzungspräparate eine besonders positive Wirkung auf Ihre Energie haben, hängt von Ihrem individuellen Gesundheitsprofil ab. Sie können einen Arzt oder einen qualifizierten Ernährungsberater hinzuziehen, um herauszufinden, ob Sie Bedarf haben und welche Präparate für Sie geeignet wären. Die drei oben genannten sind ein guter Anfang.

Denken Sie daran, dass Nahrungsergänzungsmittel qualitativ sehr unterschiedlich sein können. Die billigeren Massenprodukte enthalten oft einen hohen Anteil an Füllstoffen und synthetischen Substanzen, die dem Körper die Aufnahme erschweren. Dazu kommt, dass ihre Wirkung in der Regel schwächer ist. Qualitativ hochwertige naturidentische Nahrungsergänzungsmittel sind häufig höher dosiert und daher auch stärker in ihrer Wirkung. Welche Dosierung für Sie hilfreich ist, hängt von Ihrer individuellen Situation ab.

Nahrungsmittelunverträglichkeiten

Manchmal wirken sich Nahrungsmittel, die Sie zu sich nehmen, negativ auf Ihre Energie aus. Wenn Sie unter einer Nahrungsmittelunverträglichkeit leiden, können verschiedene Gesundheitsprobleme auftreten, angefangen von Blähungen bis hin zu Konzentrationsschwäche, Antriebsverlust, Hautproblemen, Panikattacken und Erschöpfung.

Eine Nahrungsmittelunverträglichkeit kann eine große Vielfalt von Symptomen hervorrufen, weshalb bei diesem Thema immer noch Unklarheit herrscht. Sie löst nicht nur Erschöpfungszustände aus, sondern gilt auch als mögliche Ursache der unterschiedlichsten Gesundheitsprobleme, beispielsweise Reizdarmsyndrom, Blähungen, Verdauungsbeschwerden, Wassereinlagerungen, erschwerte Gewichtsabnahme, Konzentrationsmangel, Gedächtnisschwäche, Antriebsschwäche, Mangel an gedanklicher Klarheit, Depressionen, Aufstoßen, laufende Nase, Katarrh, Heuschnupfen, Ekzeme, Asthma, Brustkorbinfektionen, Heißhungerattacken, Soor (Pilzerkrankungen), Nagelbettentzündungen, Viruswarzen und andere Warzen, Hautausschläge, Prämenstruelles Syndrom (PMS), Stimmungsschwankungen, Kopfschmerzen, Hyperaktivität, Herzrasen, Bluthochdruck, Schlafstörungen und Übelkeit. Eine lange Liste! Und natürlich können all diese Symptome auch andere Ursachen haben.

Nahrungsmittelunverträglichkeiten werden häufig mit Nahrungsmittelallergien verwechselt, doch es handelt sich um zwei völlig verschiedene Krankheitsbilder. Bei einer Allergie liegt eine Überempfindlichkeitsreaktion des Immunsystems vor, die unverzüglich erfolgt, schwerwiegend und lebensbedrohlich sein kann. Zu den häufigsten Symptomen gehören Nesselausschlag, geschwollene Zunge, geschwollene Lippen und Bewusstlosigkeit. Selbst eine winzige Spur des Allergens kann diese Auswirkungen haben. Schellfisch, Eier, Milch und Nüsse lösen besonders häufig Allergien aus.

Bei einer Nahrungsmittelunverträglichkeit, auch Nahrungsmittelintoleranz genannt, liegt ein Problem mit dem Verdauungssystem vor. Viele Klienten, die sich für mein Ernährungsprogramm interessieren, suchen mich auf, um vorab einen Lebensmittel-Reaktionstest zu machen. Ich rate jedoch davon ab, nur diesen Test durchzuführen, denn Unverträglichkeiten sind ein Symptom und es ist besser, der Ursache auf den Grund zu gehen und herauszufinden, warum der Körper ein bestimmtes Nahrungsmittel nicht verträgt. Nach meiner Erfahrung ist die Ursache meistens eine Mischung aus mangelnder Darmgesundheit und Stress. Wenn Sie Ihr Verdauungssystem verbessern, an den emotionalen Einflussfaktoren arbeiten und den Stress bewältigen, dem Sie ausgesetzt sind, wird Ihr Körper es Ihnen danken.

Oft sind die Betroffenen erstaunt, wenn sie erfahren, dass von Nahrungsmittelunverträglichkeit keine Rede sein kann. Die Beschwerden lassen sich in solchen Fällen weniger auf eine Intoleranz, sondern vielmehr auf den übermäßigen Verzehr bestimmter Nahrungsmittel zurückführen. Im Test stellt sich dann beispielsweise heraus, dass gegen Weizen, einen häufigen Auslöser, nichts einzuwenden ist, doch da die betroffene Person Weizenprodukte zum Frühstück (Toast), zum Mittagessen (Sandwich) zum Abendessen (Pizza) und als Zwischenmahlzeit (Kekse und Kuchen) zu sich nimmt, reagiert der Körper darauf. Diese Menge kann er nicht bewältigen. Den Verzehr von Weizenprodukten auf einmal pro Tag oder weniger zu reduzieren kann einen Unterschied bewirken. Dazu kommt, dass Weizen den Körper bekanntlich aufbläht, sodass Ihr Taillenumfang binnen kürzester Zeit schrumpft, wenn Sie den Konsum einschränken.

Manchmal ist das Problem die toxische Last – die entsteht, wenn man zu viele ungesunde Nahrungsmittel gleichzeitig verzehrt. Wenn sich beispielsweise herausstellt, dass Sie Weizen, Milchprodukte und Zucker gut vertragen, gehen Sie vermutlich davon aus, dass Sie diese unbedenklich zu sich nehmen können. Wenn Sie jedoch beim Abendessen im Restaurant Brot essen, während Sie bestellen, eine Scheibe Pastete auf Toast als Vorspeise, Spaghetti Carbonara (Käse, Sahne und Weizen) als Hauptgericht und Eis (Zucker, Sahne und Fett) als Dessert wählen und dazu Wein (Zucker und Hefe) trinken, kann der Körper diesen Ansturm unter Umständen nicht bewältigen. Sie fühlen sich krank, nicht weil Sie unter einer Nahrungsmittelunverträglichkeit leiden, sondern wegen der toxischen Last, die sich im Körper angesammelt hat. Deshalb ist es wichtig, sich zu vergewissern, dass die Mahlzeiten in angemessener Menge gesunde Nahrungsmittel enthalten. Entscheidend ist die Ausgewogenheit der Ernährung.

Weizen und Gluten sind verbreitete Übeltäter, aber Sie können eine Intoleranz gegen alle nur erdenklichen Nahrungsmittelbestandteile entwickeln. Diese besteht jedoch selten für immer, da sich der Körper fortwährend verändert. Führen Sie ein Ernährungstagebuch, um genau im Auge zu behalten, was Sie essen, damit Sie in Zeiten mangelnder Energie den möglichen Ursachen leichter auf die Spur kommen. Mithilfe entsprechender Tests können Sie eventuelle Nahrungsmittelunverträglichkeiten ermitteln, um die unverträglichen Lebensmittel auszuklammern und durch Produkte zu ersetzen, die Sie vertragen. Hierbei ist es wichtig, die unverträglichen Lebensmittel durch andere aus der gleichen Produktgruppe zu ersetzen, damit Ihnen keine Vitalstoffe entgehen.

Denken Sie daran, dass die weitverbreiteten Symptome einer Nahrungsmittelunverträglichkeit auch auf Gesundheitsprobleme ganz anderer Art hindeuten können. Sollten Sie also unter Beschwerden leiden, suchen Sie unbedingt einen Arzt auf.

Wasser trinken

Der menschliche Körper besteht zu etwa 70 Prozent aus Wasser. Wasser ist unerlässlich für die Verdauung, die Gehirnfunktion, den Energiehaushalt, die Aufnahme von Nährstoffen, die Durchblutung und die Ausscheidung von Stoffwechselabfallprodukten. Dr. F. Batmanghelidj, Autor des Buches *Sie sind nicht krank, Sie sind durstig!*, schreibt diesem Lebenselixier sogar das Verdienst zu, ein Chronisches Erschöpfungssyndrom (CES) vollständig zu heilen.

Ungefähr 80 Prozent meiner Klienten sind dehydriert. Dies zeigt ein bioenergetisches Screening, das ich durchführe. Der Grund dafür ist, dass sie entweder nicht genug Wasser trinken (eine offensichtliche Ursache) oder zu viel Tee, Kaffee oder Alkohol konsumieren, Substanzen, die entwässernd wirken. Manchmal ist das Problem jedoch komplexer und lässt sich darauf zurückführen, dass die Zellen eine Wasseraufnahme des Körpers verhindern.

Es ist absolut unerlässlich, sowohl für Ihre Energie als auch für Gesundheit und Wohlbefinden generell, etwa zwei Liter Wasser pro Tag zu trinken, aber nicht auf einmal, sondern über den Tag verteilt. Warten Sie damit nicht erst, bis Sie Durst verspüren, denn Durst ist ein Zeichen, dass Sie bereits unter einer unzureichenden Flüssigkeitszufuhr leiden. Wenn Sie Tee, Kaffee oder Alkohol konsumieren, sollten Sie darauf achten, noch mehr Wasser als sonst zu trinken, um der damit einhergehenden Dehydratation entgegenzuwirken. Auch bei Hitze oder während anstrengender körperlicher Betätigungen sollten Sie den Wasserverlust ausgleichen, der durch das Schwitzen entsteht.

Fortwährender Durst kann auf eine Diabeteserkrankung, Gallenblasenprobleme, Hefepilzbefall oder Kaliummangel hinweisen; ziehen Sie einen Arzt zurate, wenn Sie sich deswegen Sorgen machen.

Tiefenatmung

Es versteht sich von selbst, dass Sie ohne Atmung ein weitaus größeres Problem als Energiemangel hätten! Ungeachtet dessen atmen die meisten Menschen zu flach, was zur Folge hat, dass ihr Gehirn nicht ausreichend mit Sauerstoff versorgt wird, um optimal zu funktionieren, und ihre Energie schwindet.

Um die Energie den ganzen Tag über auf hohem Niveau zu halten, sollten Sie darauf achten, dass Sie zwischendurch immer wieder tief in die Lunge einatmen, den Atem einen Augenblick anhalten und ihn dann langsam loslassen. Diese langsamen tiefen Atemzüge sind unerlässlich, um Brustraum und Bauch in die Atembewegung einzubeziehen. Die Tiefenatmung wirkt nicht nur belebend, sondern entgiftet auch den Körper, fördert die Entspannung, verbessert den Schlaf und gleicht den Säure-Basen-Haushalt im Körper aus.

Normalerweise verläuft die Atmung unbewusst. Doch Sie können Ihre Gesundheit und Ihr Wohlbefinden sowohl auf der physischen als auch auf der emotionalen Ebene verbessern und Ihre Energie steigern, wenn Sie Ihre Aufmerksamkeit bewusst auf Ihre Atmung lenken.

ENERGIEATMUNG

Manchmal können spezielle Atemübungen wie die folgende nützlich sein:

1 Atmen Sie zehnmal schnell und kraftvoll ein und aus.
2 Halten Sie den Atem an und zählen Sie dabei bis zehn.
3 Nun atmen Sie wieder tief ein, halten den Atem an und zählen bis zehn. Dann atmen Sie langsam wieder aus.

Körperhaltung und Körpersprache

Bisweilen kann uns allein die Körperhaltung Energie rauben. Wenn die Schultern nach vorne sacken und der Kopf hängt, ist es buchstäblich unmöglich, sich energiegeladen zu fühlen oder eine positive Grundstimmung zu entwickeln. Eine Haltungsschwäche geht meistens mit einer Energieschwäche einher. Wenn Sie dagegen aufrecht stehen, mit zurückgenommenen Schultern, gerader Halswirbelsäule, erhobenem Kopf, geradeaus gerichtetem Blick und eingezogenem Bauch, spüren Sie unverzüglich, dass die Energie in Fluss kommt. Wenn Sie jetzt auch noch zu lächeln versuchen, werden Sie eine subtile Veränderung der Energiequalität feststellen, die Ihnen nun zur Verfügung steht.

Jeder Mensch ist anders beschaffen, deshalb sollten Sie mit Ihrer Haltung beim Sitzen, Stehen und Gehen experimentieren, bis Sie die für Sie optimale entdeckt haben.

ZEIT ZUM NACHDENKEN

1 Sorgen Sie für regelmäßige körperliche Bewegung?
2 Pflegen Sie einen aktiven Lebensstil oder ist das Sofa Ihr bester Freund?
3 Gibt es Nahrungsmittel, die einen Energieabfall bei Ihnen auslösen?
4 Ernähren Sie sich ausgewogen und gesund?
5 Nehmen Sie die grundlegenden Nährstoffe zu sich, um Ihre Energie und Vitalität zu unterstützen?
6 Trinken Sie genug Wasser im Verlauf des Tages?
7 Atmen Sie gut?
8 Tragen Sie mit Ihrer Körperhaltung zum Erhalt eines hohen Energieniveaus bei?

9.
RUHE UND ENTSPANNUNG

DIE BEDEUTUNG DER AUSZEIT FÜR DIE LEISTUNGSFÄHIGKEIT

Kein Buch über die Energie wäre vollständig, ohne einen Blick auf das Bedürfnis nach Ruhe und Entspannung zu werfen, die dazu beitragen, Energiereserven aufzufüllen und einen Ausgleich zur Hektik des Alltags zu schaffen. Ein erholsamer Schlaf und ausreichende Entspannung sind mein letzter Tipp, um für eine gute Grundenergie zu sorgen – die es Ihnen ermöglicht, Arbeit, Ruhe und Freizeitaktivitäten zu genießen, Ihr Leben ins Gleichgewicht und Körper, Geist und Seele in Einklang zu bringen.

Erholsamer Schlaf

Zuallererst sollten Sie jeden Tag darauf achten, dass Sie genug Schlaf bekommen. Bei Erwachsenen beträgt die optimale Schlafmenge im Durchschnitt acht Stunden. Das Schlafbedürfnis ist jedoch unterschiedlich ausgeprägt, manche Menschen brauchen mehr, andere weniger Schlaf. Bei einigen ist eine zu lange Schlafdauer energieraubend, sie fühlen sich am Morgen müde und erschöpft. Bei anderen wirkt sich eine zu kurze Schlafdauer, also ein Mangel an Schlaf, negativ auf die Energie, Konzentrationsfähigkeit, Stimmung und Gesundheit aus. Wie viel Schlaf für Sie optimal ist, können Sie am besten selbst beurteilen.

Eines der Anzeichen für einen erholsamen Schlaf besteht darin, dass Sie morgens frisch und ausgeruht aufwachen. Während des Schlafs setzt der Körper seine Selbstheilungskräfte in Gang: Er regeneriert sich und repariert Schäden, die Leber leitet Entgiftungs- und Reinigungsprozesse ein, und das Gehirn wird »aufgeräumt«, um das Gelernte und im Gedächtnis Gespeicherte zu festigen.

Die folgenden Tipps fördern einen erholsamen Schlaf:

1. Gehen Sie so oft wie möglich vor 23 Uhr zu Bett. Danach arbeitet die Leber auf Hochtouren, und wenn Sie zu diesem Zeitpunkt noch wach sind, wird der Entgiftungsprozess des Körpers beeinträchtigt. Deshalb fühlen sich viele Leute morgens »abgeschlafft«.

2. Vermeiden Sie, vor dem Zubettgehen eine schwere Mahlzeit zu sich zu nehmen, denn der Verdauungsprozess, der dadurch in Gang gesetzt wird, kann sich negativ auf die Schlafqualität auswirken.

3. Achten Sie auf einen regelmäßigen Schlaf-wach-Rhythmus. Führen Sie nach Möglichkeit eine feste Zeit ein, in der Sie abends zu Bett gehen und morgens aufstehen. Auf diese Weise ist der Körper nicht gezwungen, ständig nachzuholen, was er im Schlaf versäumt hat.

4. Reduzieren Sie Aufputschmittel, vor allem Kaffee und an-

dere koffeinhaltige Getränke (z. B. Tee, Cola), Alkohol und Zigaretten. Eine kleine Menge Alkohol hat eine stimulierende und eine große Menge eine sedierende Wirkung; beides kann Schlafstörungen verursachen.

5. Beschränken Sie die Lichtmenge, der Sie im Verlauf der Nacht ausgesetzt sind. Notfalls sollten Sie den Raum mit dunklen, lichtundurchlässigen Vorhängen ausstatten.

6. Schaffen Sie Ordnung im Schlafzimmer und entfernen Sie alles, was mit Ihrer Arbeit zu tun hat. Sorgen Sie für ein schlafförderndes Umfeld.

7. Verringern Sie die Zeitdauer, in der Sie elektromagnetischen Feldern (EMF) ausgesetzt sind, indem Sie Radiowecker, Fernsehgerät, Fernbedienung, DVD-Player, Laptop, Smartphone, iPod, Tablet-PC und Ladegeräte aus dem Schlafzimmer verbannen; sie verbreiten elektromagnetische Wellen, die Ihre Schlafmuster stören.

Ann Louise Gittleman erklärt in ihrem Buch *Warum Ihr Handy nicht Ihr Wecker sein sollte: Effektive Methoden, sich vor Elektrosmog zu schützen*, dass sich die Zeitdauer, in der wir elektromagnetischen Feldern ausgesetzt sind, in noch höherem Maß auf die Gesundheit (nicht nur auf den Schlaf) auswirkt als die Stärke der niederfrequenten elektrischen und magnetischen Felder. Wenn wir nachts im Durchschnitt acht Stunden schlafen, kommen wir 2920 Stunden im Jahr mit elektromagnetischen Feldern in Berührung. Gittleman führt das Chronische Erschöpfungssyndrom als eines der zahlreichen Gesundheitsprobleme an, das durch elektromagnetische Felder entsteht.

1. Auch sportliche Aktivitäten wirken anregend. Daher sollten Sie einige Stunden vor dem Zubettgehen keinen Sport mehr betreiben.

2. Trinken Sie eine Tasse Kamillentee, bevor Sie sich zur Ruhe begeben.

3. Eine leichte Bettlektüre ebnet einem erholsamen Schlaf den Weg – verzichten Sie aber auf Zeitungen und arbeitsbezogenen Lesestoff.

4. Meiden Sie stressreiche Aktivitäten vor dem Zubettgehen, Diskussionen über emotional aufwühlende Themen eingeschlossen.

5. Wenn Sie dazu neigen, Ihre Probleme mit ins Bett zu nehmen, sollten Sie diese vor dem Einschlafen aufschreiben und den Zettel weglegen, damit Sie das Tagesgeschehen leichter loslassen können.

6. Hören Sie sich eine Hypnotherapie-CD oder andere entspannende CDs an, um mental abzuschalten, bevor Sie einschlafen (sie haben sich bei meinen Klienten als sehr wirkungsvoll erwiesen).

7. Bereiten Sie sich mit einem EFT-Durchgang auf die mentale Entspannung vor (siehe Anhang 1).

Pausen einlegen

Es ist wichtig, auch tagsüber während der Arbeit für Pausen zu sorgen, vor allem, wenn Sie eine Tätigkeit ausüben, die Sie in hohem Maß fordert. Im Idealfall planen Sie regelmäßig Auszeiten ein und begeben sich an die frische Luft. Falls das nicht möglich ist, sollten Sie zumindest aufstehen und den Schreibtisch verlassen und / oder die Aufgabe unterbrechen, mit der Sie gerade beschäftigt sind.

Wenn ich beispielsweise viel schreibe, genehmige ich mir zwischendurch immer wieder eine Pause und befasse mich mit der Ablage, rufe einen Klienten an, trinke eine Tasse Süßholztee (idealer »Nährstoff« für die Nebennieren) oder gehe mit dem Hund auf dem Feldweg in der Nähe meines Hauses Gassi, wo ich den Ausblick auf die Landschaft genieße. Wenn ich einen Kurs abhalte, brauche ich ebenfalls ein wenig Zeit für mich, etwa zehn ruhige Minuten, denn Schulungen sind anstrengend, aber dank der Pause bleibe ich den ganzen Tag frisch.

Meditation, Achtsamkeit und Selbsthypnose

Die gesundheitlichen Vorteile von Meditation und Achtsamkeit sind inzwischen weithin bekannt. Sie wurden schon im 7. Kapitel ausführlich beschrieben, aber hier möchte ich sie Ihnen wieder als ein unverzichtbares Element Ihrer Ruhe- und Entspannungsstrategie ins Gedächtnis rufen. Die Selbsthypnose bietet ähnliche Vorteile, und alle drei Techniken wirken entspannend.

Achtsamkeit ist eine wunderbar beruhigende Technik, die sich in jeder Umgebung und bei jeder Aktivität anwenden lässt. Sie erfordert lediglich die wertfreie Fokussierung der Aufmerksamkeit auf den gegenwärtigen Augenblick, auf das Hier und Jetzt. Bei Klienten, die unter Stress leiden, beginne ich die Sitzungen oft mit einer Achtsamkeitsübung, die zwei Minuten dauert und sich auf den Atem konzentriert. Zwei Minuten Achtsamkeit können sich beträchtlich auf das Stress- und Energieniveau auswirken und lassen sich jederzeit und überall problemlos prakti-zieren.

Achtsamkeit ist Nichtstun, ein Wahrnehmungs- und Be-wusstseinszustand, in dem sich die ungeteilte Aufmerksamkeit auf den gegenwärtigen Augenblick richtet. Bei dieser Technik nehmen Sie Ihre Gedanken zur Kenntnis, statt sie zu unterdrü-cken, und bringen damit eine ruhige Energie in jedwede Tätig-keit ein. Sie können sogar achtsam putzen, kochen, spazieren gehen oder duschen.

Meditation, die in stärkerem Maß als die Praxis der Achtsamkeit an bestimmte Formen gebunden ist, hat die gleichen Vorteile für die Entspannung wie die Achtsamkeitsübungen. Die Medi-tationspraxis erfordert jedoch, die Gedanken nach Möglichkeit völlig abzuschalten, was sich als schwieriger erweisen kann. Eine Meditation findet in der Regel zu einer bestimmten Tages-zeit statt. Häufig werden für die Meditation Objekte gewählt, auf die sich die Aufmerksamkeit richtet, beispielsweise der Atem oder eine Kerze. Wenn Sie gerne unter Anleitung medi-tieren möchten, finden Sie im Handel verschiedene CDs mit geführten Meditationen.

Selbsthypnose trägt, wie die Achtsamkeits- und Meditations-praxis, zur Beruhigung der nervösen Energie bei, die erschöp-fend und belastend sein kann, und erhöht die Grundenergie – jene nachhaltige Energie, die den Umgang mit Stress und den Herausforderungen im Alltag erleichtert. Ich bringe vielen Kli-enten die Anwendung einer Methode namens *An Inside Job*™ bei, eine Mischung aus Selbsthypnose, Meditation und Acht-samkeit. Sie stellt eine hervorragende Möglichkeit dar, eine ru-hige, proaktive Energie und Resilienz – die emotionale Widerstandskraft – zu verankern. Außerdem kann sie Ihnen helfen, quasi ein Modell davon zu erstellen, wie Sie in einer bestimmten Situation sein oder wie Sie mit einem inneren Konflikt umgehen möchten – je nachdem, worauf Sie während dieser Praxis Ihr Augenmerk richten.

Ausbalancieren der Belastungen

Wenn Sie ein umtriebiges Leben führen, können sich die Belastungen in Ihrem Leben negativ auf Ihre Energie auswirken, selbst dann, wenn Sie Aktivitäten nachgehen, die Ihnen Spaß machen. Deshalb gilt es, stille, friedvolle Atempausen einzuplanen, um zu sich selbst zu kommen. Wir verbringen zu viel Zeit damit, zu »tun«, statt einfach nur zu »sein«.

Die Möglichkeiten, Ruhe und Entspannung zu finden, sind ausgesprochen vielfältig; Sie müssen nur entscheiden, was Ihnen zusagt. Die folgenden Beispiele zeigen, wie meine Klienten ihre Auszeit gestalten:

> Sandy entspannt am liebsten mit einem Buch und Pfefferminztee im Garten.
> Jim zieht eine Fahrradtour mit seinem Sohn am Flussufer vor.
> Jude gönnt sich einmal in der Woche eine Massage.
> Kevins Lieblingsmethode, die Welt und seine Sorgen auszublenden, sind eine Runde Schwimmen und ein Saunagang, in aller Frühe, bevor die meisten Leute wach sind.
> Jane liebt nichts so sehr wie einen Spaziergang im Regen.
> Ihrem Mann Karl bietet das Joggen die beste Möglichkeit, abzuschalten und den Stress des Tages loszulassen.

> Lisa genießt einmal in der Woche eine Aromatherapie.
> Sophie gönnt sich abwechselnd Reiki und Reflexzonenmassage, um ihren Energiehaushalt auszugleichen.
> James liebt sein wöchentliches Tai-Chi-Training.

Jeder hat andere Vorlieben, wenn es um Ruhe und Entspannung geht. Finden Sie heraus, welche entspannenden Aktivitäten für Sie die richtigen sind, um ein gesundes Gleichgewicht zu fördern. Sie merken, ob Sie ein ausgewogenes Leben führen, wenn Sie auch in Krisensituationen das Gefühl haben, dass Ihre Energie stabil, Ihre Tatkraft ungebremst und Ihre emotionale Widerstandsfähigkeit ungebrochen ist.

Qualitativ hochwertige Pausen wirken sich nicht nur positiv auf Ihre Energie, sondern auch auf Ihre Stimmungslage und Ihren Gesundheitszustand aus. Ausgeglichen sind Sie auch für Ihre Mitmenschen ein angenehmerer Zeitgenosse. Gibt es jemanden in Ihrem Bekanntenkreis, der ständig auf dem Sprung ist und nie zur Ruhe kommt? Wie wohl fühlen Sie sich in seiner Gesellschaft? Solche rastlosen Menschen werden meistens als hektisch, anstrengend und kraftraubend empfunden.

Lachen ist die beste Medizin

Eine der angenehmsten Möglichkeiten, für mehr Energie und Entspannung zu sorgen, bieten Aktivitäten, die uns zum Lachen bringen. In seinem Buch *Der Arzt in uns selbst: Wie Sie Ihre Selbstheilungskräfte aktivieren können* erklärt Norman Cousins, dass er früher an einer schweren Erkrankung und darüber hinaus an einer Nebennierenschwäche litt. Er machte sich Sorgen, weil die Medikamente zwar dazu beitrugen, die körperlichen Symptome in den Griff zu bekommen, aber eine toxische Wirkung auf den Körper hatten, die sich in einem Nesselausschlag äußerte. Er verordnete sich daher eine »Diät« aus TV-Unterhaltungssendungen wie *Versteckte Kamera* und Filmen der US-amerikanischen Komikertruppe Marx Brothers; das Lachen erwies sich als die beste Medizin, die ihm den Weg aus einer lähmenden, von den Ärzten als unheilbar diagnostizierten Krankheit wies. Eine kurzweilige Methode, Gesundheit und Energie zu fördern!

ZEIT ZUM NACHDENKEN

1 Sorgen Sie für genug Ruhe und Entspannung in Ihrem Leben?

2 Welche Entspannungsmöglichkeiten bevorzugen Sie?

3 Wie können Sie mehr Pausen in Ihrer Arbeitswoche einplanen?

SCHLUSSGEDANKEN

Der Mensch wurde erschaffen, um sein Leben energievoll und tatkräftig zu gestalten. Doch das Leben im 21. Jahrhundert bringt so viele Anforderungen und Erwartungen mit sich, dass die Batterien bei vielen von uns leer sind.

In diesem Buch habe ich mit Ihnen Strategien und Techniken geteilt, die Ihnen helfen, sich wieder vital und energiegeladen zu fühlen, damit Sie das Leben in seiner ganzen Fülle auskosten können. Sie stärken außerdem Ihre Motivation – sollten Müdigkeit und Erschöpfung der Antriebslosigkeit den Weg geebnet haben. Ein hohes Maß an Energie verleiht Ihnen das Gefühl, unerschütterlich und widerstandsfähiger zu sein. Die Tiefen im Leben erscheinen weniger tief und die Höhen währen länger. Sie entwickeln mehr Humor, wenn es gilt, die harten Zeiten durchzustehen, und Sie können die guten Zeiten aus vollem Herzen genießen. Sie sind besser gerüstet, Lebenskrisen in Lebenschancen umzuwandeln.

Wählen Sie drei Strategien oder Techniken aus diesem Buch aus, mit denen Sie nach Ihrer Einschätzung das meiste in Ihrem Leben bewirken. Machen Sie sich bewusst, dass wir uns bisweilen innerlich gegen Veränderungen sträuben, die notwendig sind, aber nicht unbedingt unseren Wünschen entsprechen; deshalb sollten Sie Ihre Reaktion auf jede Möglichkeit überdenken und hinterfragen. Versuchen Sie herauszufinden, warum Sie auf diese Weise reagieren.

Üben Sie die von Ihnen gewählten Techniken so lange ein, bis

sie Ihnen in Fleisch und Blut übergegangen und Routine geworden sind. Eine Forschungsarbeit von Maxwell Maltz, Gründer
der Stiftung Psycho-Cybernetics, weist darauf hin, dass es mindestens 21 Tage dauert, bis eine Gewohnheit fest verankert ist.
Er war plastischer Chirurg, dessen Patienten im Schnitt 21 Tage
brauchten, bis sie sich an ihr neues Gesicht gewöhnt hatten
oder nach der Amputation von Gliedmaßen keine Phantom-
schmerzen mehr spürten. Er beobachtete auch bei sich selbst,
dass er eine neue Gewohnheit, die er einführen wollte, nach
21 Tagen verinnerlicht hatte. Die Gesundheitspsychologin Phil-
lippa Lally gelangte im Rahmen einer Studie des University
College London zu der Schlussfolgerung, dass ein noch länge-
rer Zeitraum erforderlich ist – im Durchschnitt 66 Tage, abhängig von der Komplexität der Gewohnheit, des jeweiligen Menschen und seiner Lebensumstände. Sie nannte eine Zeitspanne
von 18 bis 254 Tagen.

Auch wenn jeder Mensch bekanntlich andersgeartet ist, werden Sie die angestrebten Ergebnisse *mit Sicherheit* erzielen,
wenn Sie Ausdauer beweisen. Und wenn Sie konsequent bleiben, werden Sie sie auch langfristig *aufrechterhalten*. So einfach
ist das. Abkürzungen gibt es nicht. Sie haben Ihr Schicksal
selbst in der Hand. Sie treffen alle Entscheidungen darüber, wie
Ihr Leben beschaffen sein soll, Sie führen die Regie bei der Ge-
staltung Ihrer eigenen Lebensgeschichte.

Lassen Sie mich mit Ihnen meine »Fünf Prinzipien« des
Wandels teilen, die Sie bei Ihren Entscheidungen unterstützen
können.

DIE »FÜNF PRINZIPIEN« DES WANDELS

1 **Sie haben nur ein Leben.** Sie können entweder Ihre Ziele verwirklichen oder ein Leben führen, das von Bedauern geprägt ist.

2 **Sie sind ein Mensch mit einem freien Willen und der Fähigkeit, selbstbestimmt zu handeln.** Sie sind keine Geisel Ihrer Begierden – Sie haben die Fähigkeit zu wählen.

3 **Das Wichtigste ist, stets zu entscheiden, was Ihnen wichtig ist.** Was ist Ihnen wichtiger, ein langfristiges Ziel oder die Befriedigung eines kurzfristigen Bedürfnisses?

4 **Alle Entscheidungen haben Konsequenzen.** Bevor Sie eine Entscheidung treffen, sollten Sie sich aufrichtig mit den Folgen Ihrer Wahl auseinandersetzen.

5 **Es gibt nur zwei Optionen: Entweder Sie nähern sich Ihren Zielen oder Sie entfernen sich von ihnen.** Wollen Sie Rückschritte oder Fortschritte machen?

Bedenken Sie außerdem, dass auch Sie nur ein Mensch sind. Und für einen Menschen sind Ausrutscher von Zeit zu Zeit vorprogrammiert. Das ist völlig in Ordnung. Sie müssen sich nur wieder aufrappeln und den Weg fortsetzen. Denken Sie daran, dass die Entwicklung neuer Gewohnheiten ein Prozess ist. Arbeiten Sie mit aller Kraft daran, ihn in Gang zu setzen, dann werden die ersten Ergebnisse nicht lange auf sich warten lassen.

Wenn Sie ernsthaft Veränderungen einleiten möchten, sollten Sie Ihren Körper wie ein Bankkonto behandeln: Sie zahlen etwas ein und heben etwas ab. Damit Ihnen dauerhaft Energie zur Verfügung steht, sollten Sie dafür sorgen, dass die Einnahmen die Ausgaben übersteigen, sodass sich ein Energieguthaben ansammelt, von dem Sie in schlechten Zeiten zehren können. Und wenn Sie das Leben bis zum Limit genießen möchten, steht Ihnen auch dafür die nötige Energie zur Verfügung.

Die US-amerikanische Sachbuchautorin Louise Hay war eine der Ersten, die über die enge Verbindung zwischen Körper, Geist und Seele und die emotionalen Ursachen physischer Erkrankungen schrieb. Sie definiert Müdigkeit und Erschöpfung als »inneren Widerstand, Langeweile und mangelnde Liebe zur eigenen Tätigkeit«. Herauszufinden, wofür Sie sich im Leben begeistern können, und diese Aktivitäten so zu nutzen, dass sie Ihr Wohlbefinden auf allen Ebenen fördern, reicht oft schon aus, um Ihren Energiezustand grundlegend zu verändern. Bei der Arbeit mit meinen Klienten ist diese Begeisterungsfähigkeit stets ein wichtiger Faktor, aber nicht der einzige. Das Bild ist vielschichtig und es gibt keine Methode, die auf alle gleichermaßen zugeschnitten wäre.

Dieses Buch möchte Ihnen helfen herauszufinden, welche Strategien und Techniken sich für Sie bewähren könnten. Im Zweifelsfall sollten Sie einen Spezialisten aufsuchen. Das Leben ist zu wichtig, um sich wie ein Schlafwandler den Weg durch klippenreiches Gewässer zu bahnen, finden Sie nicht?

»Fünf Säulen« und »Fünf Grundlagen«

Meine Arbeit stützt sich auf die »Fünf Säulen«, das heißt die psychologischen, emotionalen, physischen und spirituellen Aspekte unseres Lebens sowie unsere Lebensweise.

Die »Fünf Säulen«		
psychologische Aspekte	Gedanken	Ihre Verhaltensreaktion auf Stress
emotionale Aspekte	Gefühle	Ihre emotionale Reaktion auf Stress
physische Aspekte	Ernährung und Biochemie	Ihre physische Reaktion auf Stress
Lebensweise	Belastungen des Lebens	der Beitrag, den Ihre Lebensweise zur Entstehung von Stress leistet
spirituelle Aspekte	Lebenssinn und -zweck	Ihre Fähigkeit, negativen Stress zu überwinden

Die »Fünf Säulen« bieten Ihnen die »Fünf Grundlagen« eines gelungenen, erfüllten Lebens:
> Klarheit
> Kompetenz
> Selbstvertrauen
> Gesundheit
> Energie

Die Energie gehört zwar zu den Grundlagen, ist aber in Wirklichkeit eine Funktion der »Fünf Säulen«.

Wenn Sie in der Lage sind, Ihre Entwicklung (auf beruflicher und privater Ebene) selbstbestimmt zu steuern, alle Lebensbereiche ausbalancieren, den Bedürfnissen Ihres Körpers Aufmerksamkeit schenken und auf sie eingehen und sich vergewissern, dass Sie Ihren Lebenssinn gefunden haben, können Sie eine nachhaltige, ruhige und positive Energie genießen, die Ihr Leben bereichert. Damit verbunden sind noch weitere Vorteile:

Sie haben weniger Stress, sind umgänglicher, leistungsfähiger und nehmen sich selbst nicht allzu ernst. Wir neigen dazu, Nebensächlichkeiten einen hohen Stellenwert beizumessen und dabei zu übersehen, was wirklich zählt.

Lassen Sie nicht zu, dass Müdigkeit und Erschöpfung zu einem Zusammenbruch führen. Leiten Sie unverzüglich Schritte ein, um nachhaltige Energie aufzubauen, damit Sie sich wieder motiviert fühlen, widerstandsfähig werden und die Tiefpunkte in Ihrem Leben mit einer inneren Kraft bewältigen, die es Ihnen ermöglicht, die guten Zeiten ungetrübt zu genießen.

Ein letzter Tipp: Wenn Sie nach einer langen Autofahrt müde und erschöpft sind und einen unverzüglichen Energieschub brauchen, gibt es eine Methode, die Sie garantiert wach hält: das Singen. Probieren Sie es aus! Es macht außerdem Spaß, vor allem wenn es sich um ein fröhliches Lied handelt. Sie ziehen möglicherweise einige befremdete Blicke auf sich, aber Singen ist das beste Mittel, um den Energiespiegel und die Stimmung zu heben.

ANHANG I

EFT – Die »Technik der emotionalen Freiheit«

Ich stieß vor einigen Jahren auf die EFT (*Emotional Freedom Technique*, die »Technik der emotionalen Freiheit«), als sie noch neu war und viele Therapeuten in meinem Bekanntenkreis darüber sprachen. Zuerst hielt ich sie für Humbug. Aber ich hörte immer wieder davon und beschloss am Ende, sie auszuprobieren. Was für eine Offenbarung! So seltsam die Technik auf den ersten Blick anmuten mag, sie wirkt wahre Wunder. Heute bringe ich sie meinen Klienten bei, um deren Selbstheilungskräfte zu aktivieren.

Als therapeutisches Konzept aus dem Bereich der Energetischen Psychologie lässt sie sich leicht erlernen, aber nicht ganz so leicht in die Praxis umsetzen. Im Folgenden gebe ich Ihnen eine Anleitung. Einige Beispiele sowie Kurzanleitungen finden Sie auch auf youtube.com.

EFT ist eine Energietherapie, bei der die Meridiane durch leichtes Klopfen stimuliert werden. Meridiane sind unsichtbare Energieleitbahnen, ähnlich wie Blutgefäße, aber mit bloßem Auge nicht sichtbar. Sie sind für den Energietransport im Körper zuständig und wirken sich auf unsere Gefühle und auf die Physiologie aus.

Bei der EFT geht man davon aus, dass negative Emotionen durch eine Störung des Energieflusses im Körper verursacht werden. EFT bringt den Energiefluss auf Anhieb wieder in Schwung und neutralisiert die negativen Elemente, indem man bestimmte Meridianpunkte durch Klopfen in einer vorgegebenen Sequenz aktiviert und einen bestimmten Satz wiederholt, der das belastende Problem zusammenfasst. Es geht weder darum, das Verhalten eines anderen Menschen stillschweigend hinzunehmen, noch sich als Fußabtreter oder Opfer der äußeren Umstände zu betrachten. Sie verändern durch die EFT lediglich den Blickwinkel auf das Geschehen und die eigenen Gefühle, sodass Sie sich besser geerdet, ausgewogener und in der Lage fühlen, die Herausforderung zu bewältigen.

EFT kann in drei verschiedenen Situationen angewendet werden:
> um sich auf eine Begebenheit vorzubereiten
> um negative Gefühle nach einer Begebenheit abzubauen
> als tägliches Wellnessprogramm für das allgemeine Wohlbefinden

Die EFT fördert außerdem einen entspannten und proaktiven energetischen Zustand.

UNBEDINGT BEACHTEN!

Da die EFT auch tief verwurzelte ungelöste Themen an die Oberfläche bringen kann, die professioneller Hilfe bedürfen, eignen sich die nachfolgenden Anleitungen ausschließlich für Menschen, deren Alltagsprobleme von geringer emotionaler Belastung sind. Wenn Sie meinen, dass Sie an einem Trauma oder an einer psychischen Störung leiden, oder diese bereits diagnostiziert wurde, ist es ratsam, mit einem qualifizierten Psychotherapeuten zu arbeiten. Im Zweifelsfall sollten Sie auf die EFT verzichten, so auch, wenn Sie vermuten, dass dadurch Bereiche aufgedeckt werden könnten, die negative Reaktionen, gleich, welcher Art, auslösen. Die Verantwortung für Ihr emotionales und / oder physisches Wohlbefinden liegt allein bei Ihnen.

Die Anwendung der EFT

Die EFT besteht aus zwei Komponenten: aus Meridianpunkten, die Sie durch Klopfen aktivieren, und einem bestimmten Satz, den Sie beim Klopfen dieser Punkte wiederholen.

1. Schritt: Die Punkte, die geklopft werden

Sie klopfen leicht gegen bestimmte Meridianpunkte im Körper. Diese Punkte werden auch in der Akupunktur behandelt, und obwohl Sie keine Nadeln benutzen, sollten Sie darauf achten, die richtigen Stellen zu treffen. Hier sind die neun Punkte:

1. **Handkante** (der Teil der Hand, den Sie bei einem Karateschlag benutzen würden) – mit den Fingerspitzen die Außenkante der Hand beklopfen.
2. **Scheitel** – mit der flachen Hand leicht den höchsten Punkt in der Mitte des Kopfes beklopfen.
3. **Innenwinkel der Augenbrauen** – mit zwei Fingerspitzen beklopfen.
4. **Außenwinkel der Augen** (knochiger Teil) – auch hier mit zwei Fingerspitzen klopfen.
5. **Jochbein** (der Knochen etwa ein Zentimeter unterhalb der Augenmitte) – mit zwei Fingerspitzen beklopfen.

6. **Unterhalb der Nase,** in der Mitte des Gesichts – mit zwei Fingerspitzen beklopfen.

7. **In der Mitte des Kinns,** unterhalb der Unterlippe – mit zwei Fingerspitzen beklopfen.

8. **Unterhalb der Schlüsselbeine** – mit der flachen Hand den Brustkorb mittig beklopfen und dabei beide Schlüsselbeine gleichzeitig erfassen.

9. **Unter dem Arm** – ungefähr 10 cm unterhalb der Achselhöhle – mit der flachen Hand beklopfen.

2. Schritt: Die emotionale Belastung des Problems bewerten

Da Sie die zu klopfenden Punkte nun kennen, gilt es, auf einer Skala von 0 bis 10 das Ausmaß der Belastung zu bestimmen, die das Problem für Sie darstellt. Fragen Sie sich beispielsweise: »Wie sehr belastet mich meine Angst in diesem Augenblick auf einer Skala von 0 bis 10?« oder »Wie sehr belastet mich meine Wut in diesem Augenblick auf einer Skala von 0 bis 10?«.

Diese Technik soll dazu beitragen, die emotionale Belastung zu verringern, sodass Sie sich dem Problem besser gewachsen fühlen. Denken Sie daran: Sie nimmt Ihnen das Problem nicht ab, sondern verändert nur die Einstellung, die Sie dazu haben. Sie verleiht Ihnen eine ruhigere Energie, die es Ihnen ermöglicht, wirksamer mit der Herausforderung umzugehen. Es geht weder darum, klein beizugeben, noch die eigenen Bedürfnisse aggressiv durchzusetzen. Das Ziel ist, schwierige Situationen effektiv in den Griff zu bekommen oder negative Gefühle, die aufgrund einer unleidigen Begebenheit entstanden sind, zu neutralisieren.

3. Schritt: Die Problemaussage festlegen

Wählen Sie einen prägnanten Satz, der genau beschreibt, was Sie angesichts des Problems oder emotionalen Konflikts empfinden. Eine Problemaussage hat die größte Wirkung, wenn sie Ihre Gefühle auf den Punkt bringt. Hier geht es nicht um eine Affirmation, sondern um eine kurze Beschreibung des Gefühls oder Problems. Zum Beispiel:

> »Ich bin wütend auf meine Schwester, weil sie wieder einmal zu spät kommt.«

> »Ich habe Angst vor der Präsentation, die ich heute halten muss.«

> »Ich bin total verwirrt; ich weiß einfach nicht mehr, wie ich mich entscheiden soll.«

> »Ich habe gerade einen unsäglichen Heißhunger auf Schokolade.«

Die Formulierung der Problemaussage ist der Schlüssel zum Erfolg der Technik. Je präziser der Satz Ihr Thema zum Ausdruck bringt, desto größer die Wirkung. Er muss aber weder für das Gericht noch für eine Familienaudienz taugen oder grammatisch korrekt sein. Er muss sich nur richtig *anfühlen*.

Manche Leute begehen den Fehler, eine Affirmation zu wählen, eine selbstbejahende Aussage, um sich selbst umzuprogrammieren, beispielsweise: »Ich werde das Fest genießen.« Doch das funktioniert im Rahmen der EFT nicht. Wenn Sie befürchten, dass Sie keinen Spaß haben werden, gilt es, an dem Gefühl zu arbeiten, das Sie daran hindert, Spaß zu haben. In diesem Fall könnte die Problemaussage lauten: »Mir graut vor dem Fest.« Insofern Sie dieses Gefühl des Unbehagens abbauen, werden Sie das Fest viel eher genießen können.

4. Schritt: Fügen Sie einen Einstimmungssatz hinzu

Fügen Sie Ihrer Problemaussage einen Satz der Selbstakzeptanz hinzu. Das ist Ihr Einstimmungssatz, auch Setup-Satz genannt. Interessanterweise haben viele Leute große Schwierigkeiten, diesen Satz auszusprechen, und genau deshalb ist er so wirkungsmächtig. Hier ein Beispiel: »Auch wenn (… Problemaussage), akzeptiere ich mich voll und ganz, so wie ich bin.« Alternativen wären: »… verzeihe ich mir und akzeptiere/respektiere/liebe ich mich so, wie ich bin«, usw. Sie können diese Aussagen auch beliebig miteinander kombinieren. Wichtig ist nur, dass der Einstimmungssatz sich immer richtig für Sie *anfühlt*, auch wenn Sie von seinem Inhalt zu diesem Zeitpunkt noch nicht überzeugt sein mögen.

Hier sind einige Beispiele, bezogen auf die oben genannten Problemaussagen:

> *Auch wenn ich wütend* auf meine Schwester bin, weil sie wieder einmal zu spät kommt (Problemaussage), *akzeptiere ich mich voll und ganz, so wie ich bin.*

> *Auch wenn ich* Angst vor der Präsentation habe, die ich heute halten muss (Problemaussage), *akzeptiere ich mich voll und ganz, so wie ich bin.*

> *Auch wenn ich* total verwirrt bin und einfach nicht mehr weiß, wie ich mich entscheiden soll (Problemaussage), *akzeptiere ich mich voll und ganz, so wie ich bin.*

> *Auch wenn ich* gerade einen unsäglichen Heißhunger auf Schokolade habe (Problemaussage), *akzeptiere ich mich voll und ganz, so wie ich bin.*

5. Schritt: Ein vollständiger Durchgang

1. Einstimmung: Halten Sie eine Hand flach, mit der Innenseite nach oben, und klopfen Sie mit der Kante der anderen Hand ungefähr siebenmal gegen den Handteller (Karateschlag), während Sie Ihr Thema (Problemaussage plus Einstimmungssatz) wiederholen. Sie können auch wie zuvor beschrieben mit den Fingerspitzen gegen die Handkante klopfen. Wiederholen Sie das Klopfen und das Thema dreimal in schneller Abfolge, so überzeugend und leidenschaftlich wie möglich. Es ist völlig in Ordnung, wenn Sie zunächst nur so tun als ob; wichtig ist allein die positive Absicht.

2. Beklopfen Sie ungefähr siebenmal jeden der nachfolgenden Meridianpunkte, während Sie Ihr Thema oder Gefühl einmal wiederholen:

> Scheitel
> Innenwinkel der Augenbrauen
> Außenwinkel der Augen (knochiger Teil, Außenseite des Auges)
> Jochbein (etwa 1 cm unter dem Auge)
> unterhalb der Nase, in der Mitte des Gesichts
> unter der Unterlippe (Kinn), in der Mitte des Gesichts
> unterhalb der Schlüsselbeine, mit der flachen Hand
> unter dem Arm (ca. 10 cm unter der Achselhöhle)
> Handkante (Karateschlagpunkt, siehe 1.)

3. Schließen Sie die Augen, atmen Sie tief ein. Halten Sie den Atem an und zählen Sie dabei bis vier. Dann atmen Sie langsam aus und zählen dabei bis acht.

4. Überprüfen Sie anhand der Skala von 0 bis 10 abermals das Ausmaß der emotionalen Belastung, die das Problem für Sie darstellt. Wiederholen Sie den gesamten Klopfdurchgang so oft, bis Sie eine Null oder den gewünschten Wert erreicht haben. Falls der Wert nicht ausreichend sinkt, versuchen Sie, die Problemaussage präziser zu formulieren. Denken Sie daran, dass es bei der EFT nicht um Affirmationen geht, sondern um das »Ausklopfen« negativer Gefühle. Sie können im Verlauf des Prozesses auch die Problemaussage anpassen, je nachdem, was Sie in eben diesem Augenblick empfinden. Statt »Angst« könnte es dann beispielsweise heißen »die restliche Wut« oder »das leise Unbehagen«. Es steht Ihnen frei, mit den Gefühlen zu arbeiten, die auftauchen. Mit Beharrlichkeit und entsprechender Wiederholung der EFT erzielen Sie die besten Ergebnisse.

5. Sobald Sie die negativen Gefühle ausgeräumt haben (wenn die emotionale Belastung, die das Problem für Sie darstellt, bei oder annähernd bei null liegt), können Sie den EFT-Durchgang mit einem positiven Schlusssatz Ihrer Wahl beenden, beispielsweise: »Ich habe beschlossen, mich ruhig und entspannt zu fühlen.« Oder: »Ich habe beschlossen, mich ruhig und tatkräftig zu fühlen«, wobei Sie genau wie zuvor noch einmal sämtliche Punkte beklopfen. Den positiven Schlusssatz sollten Sie erst dann zum Einsatz bringen, wenn die negativen Empfindungen vollkommen beseitigt sind, denn sonst kann selbst ein scheinbar unbedeutender Auslöser einen Rückfall in das alte emotionale Muster bewirken.

Vielleicht befürchten Sie, dass es einen ziemlich seltsamen Eindruck machten könnte, wenn man Sie bei der Klopftechnik beobachtet. Sie wären erstaunt, wie viele Leute sie inzwischen anwenden! Sie erfreut sich besonders großer Beliebtheit bei Schauspielern und Künstlern, aber auch in der Geschäftswelt, bei gestressten Eltern und Menschen, die unter Heißhungerattacken leiden.

ZUSAMMENFASSUNG DER EFT

Hier finden Sie eine kurze Zusammenfassung der EFT:

1 Präzise Problemaussage wählen.

2 Emotionale Belastung, die das Problem darstellt, auf einer Skala von 0 bis 10 bewerten.

3 Klopfen: Karateschlag: *Auch wenn ich* (Problemaussage) ..., akzeptiere ich mich voll und ganz, so wie ich bin, 3×

   Scheitel: Problemaussage, 1×

   Augenbrauen Innenwinkel: Problemaussage, 1×

   Augenwinkel außen: Problemaussage, 1×

   Jochbein: Problemaussage, 1×

   unter der Nase: Problemaussage, 1×

   Kinn: Problemaussage, 1×

   Schlüsselbein: Problemaussage, 1×

   unter dem Arm: Problemaussage, 1×

4 Tief einatmen. Den Atem anhalten, dabei bis vier zählen; ausatmen und dabei bis acht zählen.

Die Schritte 1 bis 4 so lange wiederholen, bis die emotionale Belastung im gewünschten Maß abgeklungen ist.

Nochmals alle Punkte beklopfen und dabei den positiven Abschlusssatz sprechen.

ANHANG II

Liste der basischen Lebensmittel

Eine Übersäuerung des Körpers kann Energie abbauen, Krankheiten verursachen und das Verdauungssystem beeinträchtigen. Der Säuregrad wird von den Nahrungsmitteln, die wir zu uns nehmen, dem Ausmaß der körperlichen Bewegung und der jeweiligen Stimmung beeinflusst. Zur Förderung der Gesundheit wird empfohlen, 80 Prozent basische und 20 Prozent säurebildende Nahrungsmittel zu sich zu nehmen. Wichtig ist, sich bewusst zu machen, dass säurebildende Lebensmittel nicht immer säuerlich schmecken. Eine Zitrone ist beispielsweise sauer, hat aber eine basische Wirkung im Körper. Ein guter Anfang, um die Ernährung anzupassen, besteht darin, jeden Morgen auf nüchternen Magen ein Glas Wasser mit Zitrone zu trinken.

Symptome einer Übersäuerung sind unter anderem Müdigkeit und Erschöpfung, erhöhte Reizbarkeit, Sensibilität, diffuse Beschwerden oder Schmerzen, Kopfweh, Schlafstörungen, Überproduktion von Magensäure, Sodbrennen, Magenverstimmungen und Magenbrennen. Zu den Vorteilen einer überwiegend basischen Kost gehören eine verbesserte Herzfunktion, weniger Heißhungerattacken und größeres emotionales Wohlbefinden.

Säurebildende Lebensmittel weisen einen hohen Gehalt an Chlor, Phosphor, Schwefel und Nitrogen auf. Basisch wirkende Lebensmittel sind reich an Calcium, Magnesium, Kalium und

Natrium. Hier die beiden Listen mit den basischen und säurebildenden Lebensmitteln:

Basische Lebensmittel

80 Prozent Ihrer Nahrungsmittel sollten aus dieser Liste stammen.

Äpfel	Grapefruit	Mandarinen	Sellerie
Apfelessig	Himbeeren	Melone	Spinat
Aprikosen	Hirse	Milch	Tomaten
Avocado	Joghurt	Orangen	Trockenobst
Bananen	Karotten	Pfirsiche	Weintrauben
Beeren	Kartoffeln	Pflaumen	Wurzelgemüse
Birnen	Kirschen	Pilze	Zitronen
Blattsalat	Kohl	Quinoa	Zwiebeln
Bohnen	Kokosnuss	Rhabarber	
brauner Reis (kurzes Korn)	Leinsamen	Rote Bete	
Feigen	Linsen	Samen / Kerne	

Basisch wirken auch:
> Tiefenatmung
> Ganzkörper-Bürstenmassage
> heißes Wasser mit Zitrone
> Yoga

Säurebildende Lebensmittel

20 Prozent Ihrer Nahrungsmittel sollten aus dieser Liste stammen:

Cheddar-Käse	Hering	Pflaumen	Stiltonkäse
Cola	Huhn	Reis	Tapioka
Cranberries	Kaffee	Rindfleisch	Tee
Edamerkäse	Kalbfleisch	Roggen	Vollkornmehl
Eier	Lamm	Sago	Walnüsse
Fette	Leber	Salz	Wasser mit Kohlensäure
frittierte Nahrungsmittel	Makrele	Schellfisch	Weizen
Haferflocken	Mayonnaise	Schinkenspeck	Zucker
Hafermehl	Oliven	Senf und Kresse	
Haselnüsse	Paranüsse	Spargel	

Säurebildend wirken auch:

> Wut
> negative Gefühle
> Rauchen
> exzessive körperliche Bewegung

WEITERFÜHRENDE LITERATUR

Batmanghelidj, F.: Sie sind nicht krank, Sie sind durstig!. Kirchzarten 2016.

Charvet, Shelle Rose: Wort sei Dank: Von der Anwendung und Wirkung effektiver Sprachmuster. Paderborn 1998.

Cloud, Henry; Townsend, John: Nein sagen ohne Schuldgefühle: Gesunde Grenzen setzen. Holzgerlingen 2017.

Cousins, Norman: Der Arzt in uns selbst. Darmstadt 2008.

Covey, Stephen R.: Die 7 Wege zur Effektivität. Offenbach 2005.

Emerald, David: The Power of TED (The Empowerment Dynamic). Polaris 2016.

Emoto, Masaru: Die Botschaft des Wassers. Isen 2010.

Gittleman, Ann Louise: Warum Ihr Handy nicht Ihr Wecker sein sollte. München 2011.

Gladwell, Malcolm: Überflieger: Warum manche Menschen erfolgreich sind. München 2010.

Hamilton, David R.: Why Kindness is Good for You. Hay House 2010.

Harris, Thomas A.: Ich bin o.k. – Du bist o.k. Hamburg 2002.

Hay, Louise L.: Heile deinen Körper: seelisch-geistige Gründe für körperliche Krankheit. Bielefeld 2017.

Hawkins, David: Truth vs. Falsehood. Veritas 2005.

Holford, Patrick: The Low-GL Diet Bible. Piatkus 2009.

Karpman, Stephen B.: Ein Leben ohne Spiele. Weilheim 2016.

Katie, Byron: Lieben was ist. München 2002.

McDermott, Ian; O'Connor, Joseph: NLP für die Management-
    Praxis. Paderborn 1999.
Weil, Andrew: Mein Weg zur optimalen Gesundheit.
    München 2001.
Woolfrey, Tricia; Craven, Helen: In Inside Job™.
    www.triciawoolfrey.com.
Woolfrey, Tricia: Meal Planner. www.triciawoolfrey.com
Woolfrey, Tricia: 21 Ways and 21 Days to the Life You Want.
    Verity 2008.
Woolfrey, Tricia: Sleep Well MP3. www.triciawoolfrey.com.
Woolfrey, Tricia: Think Positive, Feel Good. Verity 2008.
Young, Robert O.: Die pH-Diät: Schlank und gesund durch das
    Säure-Basen-Gleichgewicht. München 2006.